Guttentag'sche Sammlung
Nr. 95. Deutscher Reichsgesetze. Nr. 95.
Text-Ausgaben mit Anmerkungen.

Die Berner Übereinkunft
über
internationales Urheberrecht.

Mit Erläuterungen
von

Dr. Hermann Dungs,
vortragendem Rate im Reichs-Justizamt.

Berlin 1910.
J. Guttentag, Verlagsbuchhandlung,
G. m. b. H.

Uebersicht des Inhalts.

	Seite
Text der Uebereinkunft in französischer Sprache	7
Art. 1. Der Zweck der Uebereinkunft, ihr Aufbau und ihre Entwickelung	23
Art. 2. Die zu schützenden Werke	25
Art. 3. Photographien	27
Art. 4. Voraussetzungen des durch die Uebereinkunft gewährten Schutzes	28
Art. 5. Schutz im Lande der Veröffentlichung	36
Art. 6. Schutz der Urheber, die keinem Verbandland angehören	37
Art. 7. Dauer des Schutzes	38
Art. 8. Der Uebersetzungschutz	40
Art. 9. Zeitungsabdruck	42
Art. 10. Zitate, Auszüge u. dergl.	45
Art. 11. Oeffentliche Aufführung	47
Art. 12. Utilisationen	49
Art. 13. Mechanische Musikwerke	50
Art. 14. Kinematographie	54
Art. 15. Legitimation des Urhebers	56
Art. 16. Beschlagnahme	57

	Seite
Art. 17. Verwaltungsmaßregeln der Regierungen	58
Art. 18. Zeitliche Geltung der neuen Vorschriften	58
Art. 19. Landesrechtliche Vorschriften, die den Urhebern günstiger sind	60
Art. 20. Sonderabkommen	61
Art. 21 bis 23. Berner Bureau	62
Art. 24. Revision der Uebereinkunft	65
Art. 25. Beitritt anderer Länder	66
Art. 26. Beitritt der Kolonien usw.	67
Art. 27. Verhältnis der neuen Uebereinkunft zu den früheren Texten	68
Art. 28 bis 30. Schlußbestimmungen	71
Sachregister	73

Convention de Berne revisée pour la protection des œuvres littéraires et artistiques.

Sa Majesté l'Empereur d'Allemagne, Roi de Prusse, au nom de l'Empire Allemand; Sa Majesté le Roi des Belges; Sa Majesté le Roi de Danemark; Sa Majesté le Roi d'Espagne; le Président de la République Française; Sa Majesté le Roi du Royaume-Uni de la Grande-Bretagne et d'Irlande, Empereur des Indes; Sa Majesté le Roi d'Italie; Sa Majesté l'Empereur du Japon; le Président de la République de Libéria; Son Altesse Royale le Grand-Duc de Luxembourg; Son Altesse Sérénissime le Prince de Monaco; Sa Majesté le Roi de Norvège; Sa Majesté le Roi de Suède; le Conseil Fédéral de la Confédération Suisse; Son Altesse le Bey de Tunis,

Également animés du désir de protéger d'une manière aussi efficace et aussi uniforme que possible les droits des auteurs sur leurs œuvres littéraires et artistiques,

Ont résolu de conclure une Convention à l'effet de reviser la Convention de Berne du 9 septembre 1886 l'Article additionnel et le Protocole de clôture joints à la même Convention, ainsi que l'Acte additionnel et la Déclaration interprétative de Paris, du 4 mai 1896

Article 1.

Les Pays contractants sont constitués à l'état d'Union pour la protection des droits des auteurs sur leurs œuvres littéraires et artistiques.

Article 2.

L'expression »œuvres littéraires et artistiques« comprend toute production du domaine littéraire, scientifique ou artistique, quel qu'en soit le mode ou la forme de reproduction, telle que : les livres, brochures, et autres écrits ; les œuvres dramatiques ou dramatico-musicales, les œuvres chorégraphiques et les pantomimes, dont la mise en scène est fixée par écrit ou autrement ; les compositions musicales avec ou sans paroles; les œuvres de dessin, de peinture, d'architecture, de sculpture, de gravure et de lithographie ; les illustrations, les cartes géographiques ; les plans, croquis et ouvrages plastiques, relatifs à la géographie, à la topographie, à l'architecture ou aux sciences.

Sont protégés comme des ouvrages originaux, sans préjudice des droits de l'auteur de l'œuvre originale, les traductions, adaptations, arrangements de musique et autres reproductions transformées d'une œuvre littéraire ou artistique, ainsi que les recueils de différentes œuvres.

Les Pays contractants sont tenus d'assurer la protection des œuvres mentionnées ci-dessus.

Les œuvres d'art appliqué à l'industrie sont protégées autant que permet de le faire la législation intérieure de chaque pays.

Article 3.

La présente Convention s'applique aux œuvres photographiques et aux œuvres obtenues par un procédé analogue à la photographie. Les Pays contractants sont tenus d'en assurer la protection.

Article 4.

Les auteurs ressortissant à l'un des pays de l'Union jouissent, dans les pays autres que le pays d'origine de l'œuvre, pour leurs œuvres, soit non publiées, soit publiées pour la première fois dans un pays de l'Union, des droits que les lois respectives accordent actuellement ou accorderont par la suite aux nationaux, ainsi que des droits spécialement accordés par la présente Convention.

La jouissance et l'exercice de ces droits ne sont subordonnés à aucune formalité; cette jouissance et cet exercice sont indépendants de l'existence de la protection dans le pays d'origine de l'œuvre. Par suite, en dehors des stipulations de la présente Convention, l'étendue de la protection ainsi que les moyens de recours garantis à l'auteur pour sauvegarder ses droits se règlent exclusivement d'après la législation du pays où la protection est réclamée.

Est considéré comme pays d'origine de l'œuvre: pour les œuvres non publiées, celui auquel appartient l'auteur; pour les œuvres publiées, celui de la première publication, et pour les œuvres publiées simultanément dans plusieurs pays de l'Union, celui d'entre eux dont la législation accorde la durée de protection la plus courte. Pour les œuvres publiées simultanément dans un pays étranger à l'Union et dans un pays de l'Union, c'est ce dernier pays qui est exclusivement considéré comme pays d'origine.

Par œuvres publiées, il faut, dans le sens de la présente Convention, entendre les œuvres éditées. La représentation d'une œuvre dramatique ou dramatico-musicale, l'exécution d'une œuvre musicale, l'exposition d'une œuvre d'art et la construction d'une œuvre d'architecture ne constituent pas une publication.

Article 5.

Les ressortissants de l'un des pays de l'Union, qui publient pour la première fois leurs œuvres dans un autre pays de l'Union, ont, dans ce dernier pays, les mêmes droits que les auteurs nationaux.

Article 6.

Les auteurs ne ressortissant pas à l'un des pays de l'Union, qui publient pour la première fois leurs œuvres dans l'un de ces pays, jouissent, dans ce pays, des mêmes droits que les auteurs nationaux, et dans les autres pays de l'Union, des droits accordés par la présente Convention.

Article 7.

La durée de la protection accordée par la présente Convention comprend la vie de l'auteur et cinquante ans après sa mort.

Toutefois, dans le cas où cette durée ne serait pas uniformément adoptée par tous les pays de l'Union, la durée sera réglée par la loi du pays où la protection sera réclamée et elle ne pourra excéder la durée fixée dans le pays d'origine de l'œuvre. Les Pays contractants ne seront, en conséquence, tenus d'appliquer la disposition de l'alinéa précédent que dans la mesure où elle se concilie avec leur droit interne.

Pour les œuvres photographiques et les œuvres obtenues par un procédé analogue à la photographie, pour les œuvres posthumes, pour les œuvres anonymes ou pseudonymes, la durée de la protection est réglée par la loi du pays où la protection est réclamée, sans que cette durée puisse excéder la durée fixée dans le pays d'origine de l'œuvre.

Article 8.

Les auteurs d'œuvres non publiées, ressortissant à l'un des pays de l'Union, et les auteurs d'œuvres publiées pour la première fois dans un de ces pays jouissent, dans les autres pays de l'Union, pendant toute la durée du droit sur l'œuvre originale, du droit exclusif de faire ou d'autoriser la traduction de leurs œuvres.

Article 9.

Les romans-feuilletons, les nouvelles et toutes autres œuvres, soit littéraires, soit scientifiques, soit artistiques, quel qu'en soit l'objet, publiés dans les journaux ou recueils périodiques d'un des pays de l'Union, ne peuvent être reproduits dans les autres pays sans le consentement des auteurs.

A l'exclusion des romans-feuilletons et des nouvelles, tout article de journal peut être reproduit par un autre journal, si la reproduction n'en est pas expressément interdite. Toutefois, la source doit être indiquée; la sanction de cette obligation est déterminée par la législation du pays où la protection est réclamée.

La protection de la présente Convention ne s'applique pas aux nouvelles du jour ou aux faits divers qui ont le caractère de simples informations de presse.

Article 10.

En ce qui concerne la faculté de faire licitement des emprunts à des œuvres littéraires ou artistiques pour des publications destinées à l'enseignement ou ayant un caractère scientifique, ou pour des chrestomathies, est réservé l'effet de la législation des pays de l'Union et des arrangements particuliers existants ou à conclure entre eux.

Article 11.

Les stipulations de la présente Convention s'appliquent à la représentation publique des œuvres dramatiques ou dramatico-musicales, et à l'exécution publique des œuvres musicales, que ces œuvres soient publiées ou non.

Les auteurs d'œuvres dramatiques ou dramatico-musicales sont, pendant la durée de leur droit sur l'œuvre originale, protégés contre la représentation publique non autorisée de la traduction de leurs ouvrages.

Pour jouir de la protection du présent article, les auteurs, en publiant leurs œuvres, ne sont pas tenus d'en interdire la représentation ou l'exécution publique.

Article 12.

Sont spécialement comprises parmi les reproductions illicites auxquelles s'applique la présente Convention, les appropriations indirectes non autorisées d'un ouvrage littéraire ou artistique, telles que adaptations, arrangements de musique, transformations d'un roman, d'une nouvelle ou d'une poésie en pièce de théâtre et réciproquement, etc., lorsqu'elles ne sont que la reproduction de cet ouvrage, dans la même forme ou sous une autre forme, avec des changements, additions ou retranchements, non essentiels, et sans présenter le caractère d'une nouvelle œuvre originale.

Article 13.

Les auteurs d'œuvres musicales ont le droit exclusif d'autoriser: 1° l'adaptation de ces œuvres à des instruments servant à les reproduire mécaniquement; 2° l'exécution publique des mêmes œuvres au moyen de ces instruments.

Des réserves et conditions relatives à l'application de cet article pourront être déterminées par la législation intérieure de chaque pays, en ce qui le concerne; mais toutes réserves et conditions de cette nature n'auront qu'un effet strictement limité au pays qui les aurait établies.

La disposition de l'alinéa 1er n'a pas d'effet rétroactif et, par suite, n'est pas applicable, dans un pays de l'Union, aux œuvres qui, dans ce pays, auront été adaptées licitement aux instruments mécaniques avant la mise en vigueur de la présente Convention.

Les adaptations faites en vertu des alinéas 2 et 3 du présent article et importées, sans autorisation des parties intéressées, dans un pays où elles ne seraient pas licites, pourront y être saisies.

Article 14.

Les auteurs d'œuvres littéraires, scientifiques ou artistiques ont le droit exclusif d'autoriser la reproduction et la représentation publique de leurs œuvres par la cinématographie.

Sont protégées comme œuvres littéraires ou artistiques les productions cinématographiques lorsque, par les dispositifs de la mise en scène ou les combinaisons des incidents représentés, l'auteur aura donné à l'œuvre un caractère personnel et original.

Sans préjudice des droits de l'auteur de l'œuvre originale, la reproduction par la cinématographie d'une œuvre littéraire, scientifique ou artistique est protégée comme une œuvre originale.

Les dispositions qui précèdent s'appliquent à la reproduction ou production obtenue par tout autre procédé analogue à la cinématographie.

Article 15.

Pour que les auteurs des ouvrages protégés par la présente Convention soient, jusqu'à preuve contraire, considérés comme tels et admis, en conséquence, devant les tribunaux des divers pays de l'Union, à exercer des poursuites contre les contrefacteurs, il suffit que leur nom soit indiqué sur l'ouvrage en la manière usitée.

Pour les œuvres anonymes ou pseudonymes, l'éditeur dont le nom est indiqué sur l'ouvrage est fondé à sauvegarder les droits appartenant à l'auteur. Il est, sans autres preuves, réputé ayant cause de l'auteur anonyme ou pseudonyme.

Article 16.

Toute œuvre contrefaite peut être saisie par les autorités compétentes des pays de l'Union où l'œuvre originale a droit à la protection légale.

Dans ces pays, la saisie peut aussi s'appliquer aux reproductions provenant d'un pays où l'œuvre n'est pas protégée ou a cessé de l'être.

La saisie a lieu conformément à la législation intérieure de chaque pays.

Article 17.

Les dispositions de la présente Convention ne peuvent porter préjudice, en quoi que ce soit, au droit qui appartient au Gouvernement de chacun des pays de l'Union de permettre, de surveiller, d'interdire, par des mesures de législation ou de police intérieure, la circulation, la représentation, l'exposition de tout ouvrage ou production à l'égard desquels l'autorité compétente aurait à exercer ce droit.

Article 18.

La présente Convention s'applique à toutes les œuvres qui, au moment de son entrée en vigueur, ne sont pas encore tombées dans le domaine public de leur pays d'origine par l'expiration de la durée de la protection.

Cependant, si une œuvre, par l'expiration de la durée de protection qui lui était antérieurement reconnue, est tombée dans le domaine public du pays où la protection est réclamée, cette œuvre n'y sera pas protégée à nouveau.

L'application de ce principe aura lieu suivant les stipulations contenues dans les conventions spéciales existantes ou à conclure à cet effet entre pays de l'Union. A défaut de semblables stipulations, les pays respectifs régleront, chacun pour ce qui le concerne, les modalités relatives à cette application.

Les dispositions qui précèdent s'appliquent également en cas de nouvelles accessions à l'Union et dans le cas où la durée de la protection serait étendue par application de l'article 7.

Article 19.

Les dispositions de la présente Convention n'empêchent pas de revendiquer l'application de dispositions plus larges qui seraient édictées par la législation d'un pays de l'Union en faveur des étrangers en général.

Article 20.

Les Gouvernements des pays de l'Union se réservent le droit de prendre entre eux des arrangements particuliers, en tant que ces arrangements conféreraient aux auteurs des droits plus étendus que ceux accordés par l'Union, ou qu'ils renfermeraient d'autres stipulations non contraires à la présente Convention. Les dispositions des arrangements existants qui répondent aux conditions précitées restent applicables.

Article 21.

Est maintenu l'office international institué sous le nom de „Bureau de l'Union internationale pour la protection des œuvres littéraires et artistiques".

Ce Bureau est placé sous la haute autorité du Gouvernement de la Confédération Suisse, qui en règle l'organisation et en surveille le fonctionnement.

La langue officielle du Bureau est la langue française.

Article 22.

Le Bureau international centralise les renseignements de toute nature relatifs à la protection des droits des auteurs sur leurs œuvres littéraires et artistiques. Il les coordonne et les publie. Il procède aux études d'utilité commune intéressant l'Union et rédige, à l'aide des documents qui sont mis à sa disposition par les diverses Administrations, une feuille périodique, en langue française, sur les questions concernant l'objet de l'Union. Les Gouvernements des pays de l'Union se réservent d'autoriser, d'un commun accord, le Bureau à publier une édition dans une ou plusieurs autres langues, pour le cas où l'expérience en aurait démontré le besoin.

Le Bureau international doit se tenir en tout temps à la disposition des membres de l'Union pour leur fournir, sur les questions relatives à la protection des œuvres littéraires et artistiques, les renseignements spéciaux dont ils pourraient avoir besoin.

Le Directeur du Bureau international fait sur sa gestion un rapport annuel qui est communiqué à tous les membres de l'Union.

Article 23.

Les dépenses du Bureau de l'Union internationale sont supportées en commun par les Pays contractants. Jusqu'à nouvelle décision, elles ne pourront pas dépasser la somme de soixante mille francs par année. Cette somme pourra être augmentée au besoin par simple décision d'une des Conférences prévues à l'article 24.

Pour déterminer la part contributive de chacun des pays dans cette somme totale des frais, les Pays contractants et ceux qui adhéreront ultérieurement à l'Union sont divisés en six classes contribuant chacune dans la proportion d'un certain nombre d'unités, savoir:

1re classe	 25	unités,
2me -	 20	-
3me -	 15	-
4me -	 10	-
5me -	 5	-
6me -	 3	- .

Ces coefficients sont multipliés par le nombre des pays de chaque classe, et la somme des produits ainsi obtenus fournit le nombre d'unités par lequel la dépense totale doit être divisée. Le quotient donne le montant de l'unité de dépense.

Chaque pays déclarera, au moment de son accession, dans laquelle des susdites classes il demande à être rangé.

L'Administration suisse prépare le budget du Bureau et en surveille les dépenses, fait les avances nécessaires et établit le compte annuel qui sera communiqué à toutes les autres Administrations.

Article 24.

La présente Convention peut être soumise à des revisions en vue d'y introduire les améliorations de nature à perfectionner le système de l'Union.

Les questions de cette nature, ainsi que celles qui intéressent à d'autres points de vue le développement de l'Union, sont traitées dans des Conférences qui auront lieu successivement dans les pays de l'Union entre les délégués desdits pays. L'Administration du pays où doit siéger une Conférence prépare, avec le concours du Bureau international, les travaux de celle-ci. Le Directeur du Bureau assiste aux séances des Conférences et prend part aux discussions sans voix délibérative.

Aucun changement à la présente Convention n'est valable pour l'Union que moyennant l'assentiment unanime des pays qui la composent.

Article 25.

Les États étrangers à l'Union et qui assurent la protection légale des droits faisant l'objet de la présente Convention, peuvent y accéder sur leur demande.

Cette accession sera notifiée par écrit au Gouvernement de la Confédération Suisse, et par celui-ci à tous les autres.

Elle emportera, de plein droit, adhésion à toutes les clauses et admission à tous les avantages stipulés dans la présente Convention. Toutefois, elle pourra contenir l'indication des dispositions de la Convention du 9 septembre 1886 ou de l'Acte additionnel du 4 mai 1896 qu'ils jugeraient nécessaire de substituer, provisoirement au moins, aux dispositions correspondantes de la présente Convention.

Article 26.

Les Pays contractants ont le droit d'accéder en tout temps à la présente Convention pour leurs colonies ou possessions étrangères.

Ils peuvent, à cet effet, soit faire une déclaration générale par laquelle toutes leurs colonies ou possessions sont comprises dans l'accession, soit nommer expressément celles qui y sont comprises, soit se borner à indiquer celles qui en sont exclues.

Cette déclaration sera notifiée par écrit au Gouvernement de la Confédération Suisse, et par celui-ci à tous les autres.

Article 27.

La présente Convention remplacera, dans les rapports entre les États contractants, la Convention de Berne du 9 septembre 1886, y compris l'Article additionnel et le Protocole de clôture du même jour, ainsi que l'Acte additionnel et la Déclaration interprétative du 4 mai 1896. Les actes conventionnels précités resteront en vigueur dans les rapports avec les États qui ne ratifieraient pas la présente Convention.

Les États signataires de la présente Convention pourront, lors de l'échange des ratifications, déclarer qu'ils entendent, sur tel ou tel point, rester encore liés par les dispositions des Conventions auxquelles ils ont souscrit antérieurement.

Article 28.

La présente Convention sera ratifiée, et les ratifications en seront échangées à Berlin au plus tard le 1er juillet 1910.

Chaque Partie contractante remettra, pour l'échange des ratifications, un seul instrument, qui sera déposé, avec ceux des autres pays, aux archives du Gouvernement de la Confédération Suisse. Chaque Partie recevra en retour un exemplaire du procès-verbal d'échange des ratifications, signé par les Plénipotentiaires qui y auront pris part.

Article 29.

La présente Convention sera mise à exécution trois mois après l'échange des ratifications et demeurera en vigueur pendant un temps indéterminé, jusqu'à l'expiration d'une année à partir du jour où la dénonciation en aura été faite.

Cette dénonciation sera adressée au Gouvernement de la Confédération Suisse. Elle ne produira son effet qu'à légard du pays qui l'aura faite, la Convention restant exécutoire pour les autres pays de l'Union.

Article 30.

Les États qui introduiront dans leur législation la durée de protection de cinquante ans prévue par l'article 7, alinéa 1er, de la présente Convention, le feront connaître au Gouvernement de la Confédération Suisse par une notification écrite qui sera communiquée aussitôt par ce Gouvernement à tous les autres États de l'Union.

Il en sera de même pour les États qui renonceront aux réserves faites par eux en vertu des articles 25, 26 et 27.

En foi de quoi, les Plénipotentiaires respectifs ont signé la présente Convention et y ont apposé leurs cachets.

Fait à Berlin, le 13 novembre mil neuf cent huit, en un seul exemplaire, qui sera déposé dans les archives du Gouvernement de la Confédération Suisse et dont des copies, certifiées conformes, seront remises par la voie diplomatique aux Pays contractants.

Art. 1.

Der Zweck der Uebereinkunft, ihr Aufbau und ihre Entwicklung.

Die vertragschließenden Länder bilden einen Verband zum Schutze des Urheberrechts an Werken der Literatur und Kunst.

1. Im allgemeinen wird jedes Vermögensrecht auch Bem. 1.
im Ausland anerkannt und mittels der Rechtsbehelfe, die die dortigen Gesetze an die Hand geben, wirksam geschützt. Für die Rechte der Urheber ist diese günstige Rechtslage an sich keineswegs gewährleistet. Abgesehen von Frankreich und Belgien verlangen als Voraussetzung für den Schutz ausländischer Werke alle Länder, daß die Gegenseitigkeit verbürgt sei. Dies geschieht zum Teil in der Weise, daß das innere Gesetz für den Fall, daß Gegenrecht gesichert sei, sich auch zu gunsten der Angehörigen des anderen Landes für anwendbar erklärt. Meist aber wird, wie auch im deutschen Gesetze, der gegenseitige Schutz durch einen Staatsvertrag im einzelnen vereinbart. Solche Uebereinkommen sind denn auch seit Jahrzehnten in solcher Fülle geschlossen worden, daß wenigstens in Europa der internationale Schutz bei den zivilisierten Staaten allgemein eingeführt ist. Als unzivilisiert in diesem Sinne sind nur noch aufzuführen die Niederlande, Portugal, Rußland und die Balkanländer. Neu war es aber, daß im Beginn der 80 er Jahre auf Anregung der beteiligten Kreise und auf Einladung der Schweiz eine Anzahl von Regierungen sich dazu verbanden, eine allgemeine Union zum Schutze der Urheber zu gründen. Maßgebend war hierbei nicht

nur der Wunsch, den inländischen Schutz auf die Verbandsangehörigen zu erstrecken und die Streitfragen des internationalen Privatrechts zu lösen. Vielmehr wirkte auch mit die Hoffnung, zu einer Einigung zu gelangen, vermöge derer es angängig sein möchte, übereinstimmende Grundsätze wenigstens über die wichtigsten Punkte des Urheberschutzes in die Landesgesetzgebungen einzuführen. Aus den vorbereitenden Arbeiten ging die Uebereinkunft, betreffend die Bildung eines internationalen Verbandes zum Schutze von Werken der Literatur und Kunst, hervor, die am 9. September 1886 unterzeichnet wurde und am 6. Dezember 1887 in Kraft trat.

Bem. 2. 2. Von Anfang an war in Aussicht genommen, den Text neuen Konferenzen zu unterbreiten, die die erforderlichen Aenderungen beschließen sollten. Die nächste Konferenz fand im Jahre 1896 in Paris statt. Es wurden hier zwei Abkommen abgeschlossen: die Pariser Zusatzakte und die Pariser Deklaration. Beide wurden am 4. Mai 1896 vollzogen und traten am 9. Dezember 1897 in Kraft. Eine neue Revision fand im Jahre 1908 in Berlin statt. Hierbei ging ein neu gefaßtes Instrument aus den Beratungen hervor, das am 13. November 1908 unterschrieben wurde, aber zur Zeit noch nicht ratifiziert ist.

Bem. 3. 3. Es muß anerkannt werden, daß die Verbesserungen, die in Paris und in Berlin zu gunsten der Urheber angenommen wurden, recht beträchtliche sind. Es sei hier nur folgendes hervorgehoben. Man hat den Schutz der Ausländer unabhängig gemacht von der Prüfung, ob sie auch im Ursprungland des Werkes Schutz genießen. Der Schutz gegen Uebersetzung, der zuerst nur zehn Jahre lang vom Erscheinen des Originalwerkes an dauern sollte, wurde zunächst in Paris auf die Dauer der Schutzfrist gegen Nachdruck in der Ursprache ausgedehnt, vorausgesetzt daß in der Sprache, auf die es ankam, in den nächsten zehn Jahren eine rechtmäßige Uebersetzung erschienen war. Schließlich wurde in Berlin der Schutz gegen Uebersetzung dem Schutze gegen Nachdruck in der Ursprache bedingungslos gleichgestellt. — Ein weiterer nicht unwesentlicher Fortschritt war es, daß den Werken der Tonkunst in Berlin ein Schutz gegen öffentliche Aufführung gewährt wurde, ohne daß es hierzu noch nötig wäre, ein besonderes Verbot den Noten aufzudrucken. — Neu ist der in Berlin hinzugekommene Schutz der Tonsetzer gegen die Wiedergabe ihrer Werke durch die Fabriken mechanischer Instrumente sowie der Schutz der Kinematographie.

4. Der Verband setzt sich aus folgenden Ländern zusammen: Deutschland, Belgien, Dänemark, Spanien, Frankreich, Großbritannien, Haiti, Italien, Japan, Liberia, Monaco, Norwegen, Schweden, Schweiz, Tunis. Bem. 4.

Von diesen Ländern sind alle den Pariser Beschlüssen beigetreten mit Ausnahme von Schweden und Norwegen, welche der Zusatzakte nicht beigetreten sind, und Großbritannien, das die Deklaration nicht ratifiziert hat.

Art. 2.

Die zu schützenden Werke.

Der Ausdruck „Werke der Literatur und Kunst" umfaßt alle Erzeugnisse aus dem Bereiche der Literatur, der Wissenschaft oder der Kunst ohne Rücksicht auf die Art oder die Form der Vervielfältigung wie: Bücher, Broschüren und andere Schriftwerke; dramatische oder dramatisch-musikalische Werke, choreographische und pantomimische Werke, sofern der Bühnenvorgang schriftlich oder auf andere Weise festgelegt ist; Werke der Tonkunst mit oder ohne Text; Werke der zeichnenden Kunst, der Malerei, der Baukunst, der Bildhauerei; Stiche und Lithographien; Illustrationen, geographische Karten;

geographische, topographische, architektonische oder wissenschaftliche Pläne, Skizzen und Darstellungen plastischer Art.

Den gleichen Schutz wie die Originalwerke genießen, unbeschadet des Urheberrechts an dem Originalwerk, Uebersetzungen, Adaptationen, musikalische Arrangements und andere Umarbeitungen eines Werkes der Literatur oder der Kunst sowie Sammlungen aus verschiedenen Werken.

Die vertragschließenden Länder sind verpflichtet, den obengenannten Werken Schutz zu gewähren.

Den Werken der angewandten Kunst wird Schutz gewährt, soweit die innere Gesetzgebung eines jeden Landes dies gestattet.

Bem. 1. 1. Die Aufzählung der Werke, auf die sich die Uebereinkunft erstrecken soll, schließt sich, wenn auch mit einigen Zutaten, dem früheren Rechte an. Der Schwerpunkt der Aenderung liegt in anderer Richtung. Nach einer sehr verbreiteten, wenn auch keineswegs unbestrittenen Ansicht sollte der Katalog der Werke nur den Sinn haben, den Kreis von Werken abzugrenzen, die überhaupt in den Rahmen der Uebereinkunft fielen; es sollten aber nicht etwa die Verbandländer gehalten sein, alle diese Arten von Erzeugnissen zu schützen, sondern sich nach ihren inneren Gesetzen richten. Die Fassung hat nun der entgegengesetzten, bisher nur vereinzelt vertretenen Auslegung Recht gegeben. Dies kommt im Art. 2 Abs. 3 zum Ausdruck.

Bem. 2. 2. Der Abs. 1 spricht von Büchern und Schriftwerken. Es könnte danach scheinen, als ob stets eine Aufzeichnung vorliegen müsse und der Schutz sich nicht auf Reden und Vorträge erstrecke. (Zu vergl. Reichsgesetz vom 19. Juni 1901.) Diese Einschränkung entspricht aber nicht der Absicht, und der Ausdruck „alle Erzeugnisse aus dem Bereiche der Literatur, der Wissenschaft . . .“ umfaßt zweifellos auch bloße mündliche Ausarbeitungen.

3. Selbstverständlich geht die Absicht dahin, daß nur solche Bearbeitungen Schutz genießen sollen, die im Inhalt oder der Form etwas Neues bringen und nicht bloß ein Abklatsch des Originals sind. Außerdem bringt der Abs. 2 zum Ausdruck, daß Bearbeitungen, namentlich Uebersetzungen, auch dann Schutz genießen, wenn sie ohne Einwilligung des Urhebers des Originals veröffentlicht, also rechtswidrig sind. (Zu vergl. Bem. 4 zu Art. 8.) Bem. .

4. Ueber die Werke der angewandten Kunst (gewerbliche Kunsterzeugnisse) ließ sich, da sie nicht in sämtlichen Ländern unter den Kunstschutz fallen, eine Einigung nicht erzielen. Der Abs. 3 verweist deshalb ihretwegen ganz auf die Landesgesetze. Die Rechtslage ist hiernach folgende: Besteht in einem Lande der Schutz von Werken der angewandten Kunst, so sind seiner alle Verbandangehörigen teilhaft, mag immerhin das Werk im Ursprungland keinen Kunstschutz genießen. (Art. 4 Abs. 2.) Ist dagegen ein Schutz nicht gewährt, so kann auch der Urheber eines anderen Landes ihn nicht beanspruchen. Bem. 4.

Art. 3.

Photographien.

Diese Uebereinkunft findet auch Anwendung auf Werke der Photographie und die durch ein der Photographie ähnliches Verfahren hergestellten Werke. Die vertragschließenden Länder sind verpflichtet, diesen Werken Schutz zu gewähren.

Die Photographien, deren Schutz früher etwas verwickelt geregelt und ziemlich prekär war, sind nun ganz den Werken der Literatur und Kunst angegliedert. Ein Bem.

Unterschied besteht nur darin, daß die Schutzfrist in anderer Weise als bei Werken der hohen Kunst geordnet ist.

Art. 4.

Voraussetzungen des durch die Uebereinkunft gewährten Schutzes.

Die einem der Verbandländer angehörigen Urheber genießen sowohl für die nicht veröffentlichten als für die in einem Verbandlande zum ersten Male veröffentlichten Werke in allen Verbandländern mit Ausnahme des Ursprunglandes des Werkes diejenigen Rechte, welche die einschlägigen Gesetze den inländischen Urhebern gegenwärtig einräumen oder in Zukunft einräumen werden, sowie die in dieser Uebereinkunft besonders festgesetzten Rechte.

Der Genuß und die Ausübung dieser Rechte sind an die Erfüllung irgendwelcher Förmlichkeiten nicht gebunden; dieser Genuß und diese Ausübung sind von dem Bestehen eines Schutzes in dem Ursprungslande eines Werkes unabhängig. Soweit nicht diese Uebereinkunft ein anderes bestimmt, richten sich demnach der Umfang des Schutzes sowie die dem Urheber zur Wahrung seiner Rechte zustehenden Rechtsbehelfe ausschließlich nach den Gesetzen des Landes, in welchem der Schutz beansprucht wird.

Als Ursprungland des Werkes wird angesehen: für die nicht veröffentlichten Werke das Heimatland des Urhebers; für die veröffentlichten Werke dasjenige Land, in welchem die erste Veröffentlichung erfolgt ist, und für die gleichzeitig in mehreren Verbandsländern veröffentlichten Werke dasjenige von diesen Ländern, dessen Gesetzgebung die kürzeste Schutzdauer gewährt. Für die gleichzeitig in einem Nichtverbandland und in einem Verbandlande veröffentlichten Werke wird letzteres Land ausschließlich als Ursprungland angesehen.

Unter veröffentlichten Werken sind im Sinne dieser Uebereinkunft die erschienenen Werke zu verstehen. Die Aufführung eines dramatischen oder dramatisch-musikalischen Werkes, die Aufführung eines Werkes der Tonkunst, die Ausstellung eines Werkes der bildenden Künste und die Errichtung eines Werkes der Baukunst stellen keine Veröffentlichung dar.

1. Allgemeines über die Abgrenzung der geschützten Werke. Bem. 1.

Soweit nicht ein Staat, wie es vereinzelt geschieht, selbst solche Werke, die von einem Ausländer hergestellt und auch im Ausland veröffentlicht sind, ohne Gegenseitigkeit schützt, bedurfte es im Berner Verband einer Einigung darüber, von welchen Merkmalen es abhängig sein sollte, daß ein Werk in den übrigen Ländern den Schutz der Uebereinkunft genießt. Zur Regelung boten sich nach dem inneren Rechte der Verbandstaaten verschiedene Grundsätze. Nach dem Territorialprinzip entscheidet darüber, ob das Werk den Schutz der Uebereinkunft genießt, das Land, wo das Werk veröffentlicht ist, gleichviel welchem Lande der Urheber angehört. Nach dem

Personalprinzip hängt dagegen der Schutz von dem Personalstatut des Urhebers ab, also von seiner Staatsangehörigkeit oder seinem Wohnsitze; doch haben nur wenige Länder den Schutz auf den Wohnsitz gegründet. Manche Landesgesetze, z. B. die deutschen, haben im allgemeinen das Territorialprinzip: Schutz nur, wenn das Werk im Inland veröffentlicht ist, — daneben aber noch Schutz für Werke, die der eigene Staatsangehörige im Ausland veröffentlicht hat.

In der ersten Fassung der Uebereinkunft nahm man für unveröffentlichte Werke das reine Personalprinzip, dagegen für die veröffentlichten weder dieses noch das reine Territorialprinzip an. Sie sollten geschützt werden, wenn nicht nur der Urheber Angehöriger eines Verbandstaats, sondern auch außerdem die Veröffentlichung in einem Verbandlande erfolgt war. Werke von Nichtangehörigen des Verbands hatten nur einen beschränkten Schutz: nach der ersten Fassung des Art. 3 wurde nicht der Urheber, sondern der Verleger, der das Werk in einem Verbandlande veröffentlichte, geschützt. Dieser sog. Verlegerschutz führte zu den größten Zweifeln; durch die Pariser Zusatzakte ist deshalb diese Einrichtung abgeschafft worden. (Akte der Konferenz zu Paris S. 164, 195. Wer an der schwierigen Frage Anteil nimmt, findet in der dort abgedruckten Denkschrift der deutschen Delegation ausführliche Erörterungen.) Die Pariser Fassung brachte eine wesentliche Erweiterung des Schutzes: auch der nicht dem Verband angehörige Urheber erlangte durch Veröffentlichung des Werkes in einem Verbandland vollen Schutz. Dagegen fand eine Anregung, auch solchen von Ausländern hergestellten Werken, die jemand außerhalb des Verbandes veröffentlicht, Schutz zu gewähren, auf der Berliner Konferenz keinen Anklang.

Bem. 2. **2.** Zum Abs. 1. — Nach dem Abs. 1 werden geschützt die Urheber, die Angehörige eines Verbandlandes sind, in den Verbandländern außer dem Ursprungland; das letztere wird im Abs. 3 näher bestimmt. Der Urheber genießt also den vertragmäßigen Schutz in allen Ländern außer seinem Heimatlande für die nicht veröffentlichten Werke. Dagegen wird er für die veröffentlichten Werke geschützt in allen Ländern außer dem, wo das Werk veröffentlicht ist. Beseitigt ist hierbei die sehr mißverständliche frühere Fassung, die zu sagen schien, daß das in einem anderen Lande als dem Heimatlande des Urhebers veröffentlichte Werk Anspruch auf vertragmäßigen Schutz sogar im Lande der Veröffentlichung haben sollte. Diese Folgerung, die einem Staate zugemutet hätte, die auf seinem Gebiete erschienenen Werke verschieden zu schützen und gar die der Ausländer noch zu begünstigen, ist glücklich abgeschnitten. — Ueber den Schutz der Werke im Ursprunglande ist Art. 5 zu vergleichen.

Als Urheber ist anzusehen, wer nach dem Gesetze des Landes, wo der Schutz verlangt wird, dafür gilt. An sich ist es denkbar — wenn auch in der Praxis wohl ausgeschlossen — daß als Urheber im Ursprungland eine andere Person gilt als nach dem Gesetze des Landes, wo der Schutz begehrt wird. Dies fällt nicht ins Gewicht, weil die Frage, ob jemand im Ursprungland Schutz genießt, in dem anderen Staate nicht mehr geprüft wird. (Art. 4 Abs. 2.)

Daß auch die Rechtsnachfolger der Urheber ohne Rücksicht auf die eigene Staatsangehörigkeit die Rechte der Urheber genießen, dies zum Ausdruck zu bringen, hat man bei der Berliner Fassung nicht mehr nötig befunden. Dieser Gedanke hat sich im heutigen Bewußtsein eingelebt.

3. Staatsangehörigkeit. — Eine Veränderung der Bem. 3.
Staatsangehörigkeit, die der Urheber eines vorher veröffentlichten Werkes erfährt, kann an der Frage des Schutzes nichts mehr ändern. Wohl aber fällt sie entscheidend ins Gewicht für unveröffentlichte Werke. Wie es hier zu halten sei, darüber gehen die Meinungen recht auseinander. Abzuweisen ist die Ansicht, daß die Staatsangehörigkeit zur Zeit der Entstehung des Werkes maß-

gebend bleibe. Vielmehr sind zwei Sätze für den Wechsel der Staatsangehörigkeit zu beachten. Einmal ist der Schutz nach dem Rechte des Staates zu beurteilen, dem der Urheber zur Zeit, da sein Recht verletzt wurde, angehörte. Sodann ist, wenn der Urheber die für den Schutz eines unveröffentlichten Werkes erforderliche Staatsangehörigkeit erst nach der Verletzung des Urheberrechts verloren hat, die Klage wegen dieser Verletzung, als erworbenes Recht, immer noch zulässig. Anderseits kann wegen der Verletzung eines Urheberrechts, die vor dem Erwerb der zum Schutz erforderlichen Verbandangehörigkeit begangen ist, ein Anspruch auch nachher nicht erhoben werden. (Vergl. Herrmann von Otavsky, Der internationale Urheberrechtsschutz zwischen Oesterreich usw. S. 38 ff.)

Bem. 4. **4.** Der Abs. 1 verbürgt den geschützten Urhebern

1. diejenigen Rechte, welche die einschlägigen Gesetze den inländischen Urhebern gegenwärtig einräumen oder in Zukunft einräumen werden;
2. die in der Uebereinkunft besonders festgesetzten Rechte.

Diese Zweiteilung ist von Wichtigkeit für das Verständnis der Uebereinkunft. Im allgemeinen gibt diese den Urhebern keine ausgestalteten materiellen Rechte, vielmehr verweist sie, indem sie den Urheber den Angehörigen des Landes gleichstellt, in welchem der Schutz begehrt wird, auf das innere Recht dieses Landes. Daneben stellt sie aber noch für wenige, indes wichtige, Punkte materielle, sog. absolute, Bestimmungen auf. Deren Bedeutung ist es, daß sie, ganz unabhängig von der inneren Gesetzgebung des Einfuhrlands dort zu gunsten der Verbandangehörigen zur Anwendung gelangen müssen; es kann also sehr wohl vorkommen, daß der verbandangehörige Ausländer stärkeren Schutz genießt als der Inländer. Die Bestimmungen, um die es sich hierbei handelt, sind die über den Schutz gegen Uebersetzung (Art. 8), über

Zeitungsabdruck (Art. 9), den Wegfall des Aufführungsvorbehalts bei Werken der Tonkunst (Art. 11 Abs. 3), unerlaubte Bearbeitungen (Art. 12), mechanische Musikinstrumente (Art. 13), Kinematographie (Art. 14). Durch diese vom Landesrechte ganz unabhängigen Artikel ist ein wesentlicher Schritt auf dem Wege zur Vereinheitlichung der materiellen Urhebergesetze getan worden.

5. Abs. 2. Eine sehr wesentliche Aenderung und Bem. 5.
Vereinfachung des bisherigen Rechtszustandes bringt uns Art. 4 Abs. 2. Bisher waren in mehreren Beziehungen die Rechte des Urhebers im Einfuhrland von dem Schutze im Ursprungland abhängig. Zunächst wurde der Schutz nur gewährt, wenn die Bedingungen und Förmlichkeiten erfüllt waren, die das Gesetz des Ursprunglandes vorschrieb. Sodann wurde das Werk nie länger als im Ursprungland geschützt. Endlich wurde auch allgemein angenommen, daß der vertragmäßige Schutz einem Werke nicht zukomme, das im Ursprungland schutzlos war, weil es nicht zu den schutzwürdigen Werken gehörte oder aus sonstigen sachlichen Gründen nicht als Gegenstand des Urheberrechts angesehen wurde. Unter diesem Recht mußte die internationale Rechtsverfolgung schwere Not leiden, weil die Behörden in vielen Fällen genötigt waren, das ihnen schwer verständliche ausländische Recht nachzuprüfen. Aus diesen Gründen hat der neue Text den Grundsatz der Unabhängigkeit des vertragmäßigen Schutzes vom Rechte des Ursprunglands aufgestellt. Nur die Dauer der Schutzfrist wird nach dem Gesetze des Landes, wo der Schutz begehrt wird, oder nach dem des Ursprunglandes bemessen, je nachdem die eine oder die andere die kürzere ist. In allen anderen Punkten kann der Urheber verlangen, daß auf ihn in dem Lande, wo er Schutz beansprucht, die Gesetze dieses Landes angewendet werden. Hiernach ist der Schutz nicht abhängig davon, daß Förmlichkeiten, die im Ursprunglande erfordert werden, erfüllt sind. Da der Urheber

etwaige Förmlichkeiten, die in dem anderen Lande vorgeschrieben waren, schon bisher nicht zu erfüllen brauchte, so sind im internationalen Urheberschutz die Urheber überhaupt von jeder Förmlichkeit befreit. (Art. 4 Abs. 2 Satz 1.) Gleichgültig ist auch, ob das Werk wegen seiner Beschaffenheit, etwa wegen des Gegenstandes, vom Schutz ausgenommen war, z. B. in dem nach Art. 2 noch immer praktischen Falle der gewerblichen Kunsterzeugnisse. — Von den Vorschriften des Gesetzes des Ursprunglandes unabhängig ist nicht nur der Umfang des Schutzes, sondern auch die Frage, unter welchen äußeren Voraussetzungen er ausgeübt werden darf. Es darf also nicht dem im Ausland klagenden Franzosen entgegengehalten werden, daß er noch nicht die vorgeschriebenen Exemplare des Werkes im Heimatland hinterlegt habe, obwohl in Frankreich im Falle einer Klage die Hinterlegung zunächst nachgeholt werden muß.

Was die Förmlichkeiten anlangt, so sprach die frühere Fassung von Bedingungen und Förmlichkeiten (conditions et formalités); jetzt ist der Bedingungen nicht mehr Erwähnung getan. Dies ist geschehen, um einer zu weiten Auslegung der Vorschrift vorzubeugen. Der Ausdruck „Förmlichkeiten" umfaßte zunächst nur äußerliche Handlungen: Deklaration, Registrierung, Deponierung von Exemplaren. Daneben verstand man unter „Bedingungen" Vorbehalte bei Uebersetzungen, Aufführung von Werken der Tonkunst, Zeitungsartikeln u. dergl. Es war aber die seltsame Ansicht vertreten worden, daß der Ausdruck noch weiter greife: er sollte auch solche Vorschriften umfassen, die einen bestimmten Teil des Schutzes davon abhängig machten, daß das Werk noch nicht veröffentlicht war, wie z. B. die öffentliche Mitteilung des Inhalts eines Werkes, der öffentliche Vortrag eines noch nicht veröffentlichten Werkes, die Verlängerung der Schutzfrist im Falle der Eintragung des Urhebernamens in die Eintragsrolle (§ 11 Abs. 1, 3, § 31 des Urhebergesetzes vom

19. Juni 1909). Es ist natürlich nie daran gedacht worden, auch derartige Vorschriften in dem Ausdruck „Bedingungen“ einzubegreifen. Bei ihnen handelt es sich um den sachlichen Inhalt des Urheberschutzes, während der Art. 4 nur äußere Voraussetzungen des Schutzes im Auge hat. Daß aber die Konferenz, trotz der Nichterwähnung der Bedingungen im Art. 4, die richtiger Weise darunter gerechneten Vorschriften unter den „Förmlichkeiten“ mittreffen wollte, kann schon nach der ausdrücklichen Bemerkung im Kommissionsbericht (Akten der Berliner Konf. S. 29) nicht zweifelhaft sein.

6. Abs. 3. Der Abs. 3 stellt den Begriff des Ursprung- Bem. 6.
landes fest. Für nicht veröffentlichte Werke ist es das Heimatland des Urhebers. Gehört dieser mehreren Staaten an, so ist, wie ergänzend dem Abs. 3 zuzufügen ist, nach dem im nächsten Satze ausgesprochenen Grundsatz dasjenige dieser Länder Ursprungland, in welchem die kürzere Schutzfrist Gesetz ist. Für die veröffentlichten Werke ist das Gebiet, wo die erste Veröffentlichung stattgefunden hat, das Ursprungland. Ist das Werk am gleichen Tage in mehreren Verbandsländern veröffentlicht, so ist das Land, wo die kürzeste Schutzdauer besteht, das Ursprungland. Ist die Frist die gleiche, so muß, wenngleich Abs. 3 den Fall nicht regelt, jedes der Länder als Ursprungland angesehen werden. Wird also ein Buch in Deutschland und der Schweiz veröffentlicht, so währt sein Schutz dreißig Jahre nach dem Tode; auch steht der vertragsmäßige Anspruch auf Schutz sowohl dem Deutschen Reiche wie der Schweiz gegen sämtliche Verbandländer zu, also auch den beiden Ländern gegeneinander. Wird das Werk zugleich in einem Lande, das zum Verband gehört, und in einem anderen veröffentlicht, so ist dies dem Schutze nicht nachteilig; der Staat, der dem Verband angehört, ist das alleinige Ursprungland.

7. Abs. 4. Der letzte Abs. des Art. 4 gibt eine Be- Bem. 7.
stimmung des Begriffs „Veröffentlichung“ Diese Er-

läuterung hat die Pariser Konferenz von 1896 auf deutschen Vorschlag in die Deklaration aufgenommen. Danach ist keine Veröffentlichung der öffentliche Vortrag, die öffentliche Aufführung, die Ausstellung eines Gemäldes, eines Kupferstiches, einer Statue, eines Bauwerkes. Wenn also ein Franzose sein Drama zuerst in Frankreich aufführen, jedoch später in Amerika erscheinen läßt, so verwirkt er dadurch den Schutz der Uebereinkunft, den er bis dahin als Angehöriger eines Verbandlandes für ein aufgeführtes, aber nicht veröffentlichtes Werk genoß.

Ein einzelnes Kunstwerk — ein Gemälde, ein plastisches Bildwerk, ein Bauwerk — kann überhaupt nie veröffentlicht werden. Namentlich kann der Schutz auch nicht dadurch erlangt werden, daß der Maler oder Bildhauer Vervielfältigungen des Werkes, in einer anderen oder auch in derselben Kunstgattung oder in Photographien, veröffentlicht. Denn mit dieser Maßnahme wird zwar ein Werk veröffentlicht, jedoch nicht das ursprüngliche Einzelwerk, welches unveröffentlicht bleibt, sondern die Nachbildung; der Kupferstecher, der Lithograph, der Photograph, sind die Inhaber des Urheberrechts an *ihrem* Kunstwerk.

Hiernach kann z. B. ein in Deutschland wohnender Holländer für sein hier zum ersten Male ausgestelltes Bild oder für einen künstlerisch ausgeführten Bau weder in Deutschland noch in einem anderen Lande Schutz erlangen. Danach ändert es, nach dem schon gesagten, auch nichts, wenn er zugleich mit der Ausstellung Photographien des Gemäldes verbreitet. Alles dies stimmt mit dem deutschen Gesetz überein.

Art. 5.

Schutz im Lande der Veröffentlichung.

Die einem der Verbandländer angehörigen Urheber, welche ihre Werke zum ersten Male in einem

anderen Verbandlande veröffentlichen, genießen in diesem letzteren Lande die gleichen Rechte wie die inländischen Urheber.

Erst in der Fassung der Berliner Konferenz wurde der Fall geregelt, daß ein verbandangehöriger Urheber sein Werk in einem anderen Verbandlande als seiner Heimat veröffentlicht. Er genießt in diesem Falle die gleichen Rechte wie die Inländer. Es erwachsen ihm also nicht die weitergehenden Rechte, die kraft der Uebereinkunft die Urheber in den anderen Verbandländern vor den Inländern begünstigen. Bem.

Art. 6.

Schutz der Urheber, die keinem Verbandland angehören.

Die keinem der Verbandländer angehörigen Urheber, welche ihre Werke zum ersten Male in einem dieser Länder veröffentlichen, genießen in diesem Lande die gleichen Rechte wie die inländischen Urheber und in den anderen Verbandländern diejenigen Rechte, welche diese Uebereinkunft gewährt.

1. Ein Urheber, der keinem Verbandland angehört, kann seinem Werke nur dadurch Schutz verschaffen, daß er es in einem Verbandland erscheinen läßt. Auch hier erlangt er, gleich den Angehörigen eines anderen Verbandlandes nach Art. 5, nicht die besonderen Rechte, die die Uebereinkunft gewährt, aber er genießt gleichen Schutz wie die Inländer. In anderen Verbandländern hat er ebenso wie die Verbandangehörigen neben den Rechten der Inländer noch die besonderen durch die Uebereinkunft gewährleisteten Befugnisse. Bem. 1.

Bem. 2. 2. Hat der Urheber gleichzeitig noch in einem anderen Lande veröffentlicht, so müssen die Vorschriften des Art. 4 Abs. 2 angewendet werden. Hiernach wird, wenn das zweite Land gleichfalls zum Verbande gehört, das Land mit der kürzeren Schutzfrist das Ursprungland sein. Dagegen wird, wenn das zweite Land nicht zum Verbande gehört, das Verbandland als das alleinige Ursprungland angesehen.

Art. 7.

Dauer des Schutzes.

Die Dauer des durch diese Uebereinkunft gewährten Schutzes umfaßt das Leben des Urhebers und fünfzig Jahre nach seinem Tode.

Doch richtet sich, für den Fall, daß diese Dauer nicht gleichmäßig von allen Verbandländern angenommen sein sollte, die Dauer nach dem Gesetze desjenigen Landes, wo der Schutz beansprucht wird; sie kann aber die in dem Ursprunglande festgesetzte Dauer nicht überschreiten. Die Vertragländer sind daher nur in dem Maße verpflichtet, die Vorschrift des vorhergehenden Absatzes zur Anwendung zu bringen, wie sich dies mit ihrer inneren Gesetzgebung in Einklang bringen läßt.

Für die Werke der Photographie und die durch ein der Photographie ähnliches Verfahren hergestellten Werke, für die nachgelassenen Werke, für die anonymen und pseudonymen Werke richtet sich die Schutzdauer nach dem Gesetze desjenigen Landes, wo der Schutz beansprucht wird, ohne daß diese

Dauer die in dem Ursprunglande des Werkes festgesetzte Dauer überschreiten kann.

1. Der allgemeine Grundsatz. — Ueber die einheitliche Bemessung der Schutzdauer konnte auf der Berliner Konferenz nur eine theoretische Einigung festgelegt werden. Der deutsche Vorschlag, auch hier das Prinzip der Unabhängigkeit vom Rechte des Ursprunglandes anzuwenden, wurde allgemein verworfen. Man wandte ein, daß der Verzicht auf die sachliche Gegenseitigkeit, der in allen anderen Punkten im Hinblick auf die dadurch erleichterte praktische Handhabung hingenommen werde, sich auf die wirtschaftlich so bedeutende Dauer des Schutzes nicht erstrecken lasse. Trotzdem ergab sich Uebereinstimmung darin, daß im Grundsatz die Frist von fünfzig Jahren nach dem Tode proklamiert werden sollte, wie es im Abs. 1 denn auch geschehen ist. Bem. 1.

2. Die Klausel zur Erhaltung der bestehenden Gesetze. Den Ländern, denen die inneren Gesetze einen Schutz von fünfzig Jahren zu gewähren nicht erlauben, ist die Freiheit gelassen, so lange dieser Zustand fortdauert, die Werke der anderen Länder gleich den einheimischen kürzer zu schützen. Alsdann werden aber auch die Werke eines solchen Landes im gesamten Verband nur bis zum Ablaufe jener kürzeren Frist geschützt. Es ist also, was die Dauer des Schutzes anlangt, im Verhältnis eines Landes, das die kürzere Frist beibehält, zu den anderen Ländern an dem bestehenden Rechte garnichts geändert. Bem. 2.

3. Die Ausnahmen. — Es gibt Werke, bei denen die Schutzfrist so sehr mit der Ordnung des sachlichen Schutzes zusammenhängt, daß es nicht angängig scheint, dem inneren Gesetz die einheitliche Frist aufzudrängen. Für diese Fälle sind mithin für sämtliche Verbandländer, also auch für die, die im allgemeinen eine Frist von fünfzig Jahren haben, einige Ausnahmen zugelassen. Diese sind im Abs. 3 aufgeführt: Photographien sowie nachgelassene, anonyme Bem. 3.

und pseudonyme Werke. Hier wird wieder der Schutz gemäß dem Gesetze des Landes gewährt, wo er in Anspruch genommen wird, jedoch nicht länger als im Ursprungland.

Art. 8.

Der Uebersetzungschutz.

Die einem der Verbandländer angehörigen Urheber nicht veröffentlichter Werke und die Urheber von Werken, welche zum ersten Male in einem dieser Länder veröffentlicht worden sind, genießen in den übrigen Verbandländern während der ganzen Dauer ihres Rechts an dem Originale das ausschließliche Recht, ihre Werke zu übersetzen oder die Uebersetzung zu gestatten.

Bem. 1. **1.** Bis vor nicht langer Zeit krankte der Schutz des Uebersetzungrechts an der Verkümmerung des ihm gewährten Schutzes. Da für alle Bücher, die im Auslande zum größten Teile nur in anderer Sprache gelesen wurden, sich die schweren Mängel des Schutzes fühlbar machten, war gegenüber den Schriftstellern der internationale Schutz des Urheberrechts im Grunde genommen ein Humbug. Die Mängel bestanden darin, daß der Schutz einmal an die Erfüllung verschiedener Bedingungen und Förmlichkeiten gebunden war — Vorbehalt des Uebersetzungrechts, Beginn und Vollendung der Uebersetzung innerhalb kurzer Fristen, oft auch Eintragung —, sodann daran, daß der Schutz nur wenige Jahre dauerte. Da war es immerhin ein wesentlicher Fortschritt, daß die Uebereinkunft, Art. 5, einen Schutz gewährte, der von allen äußerlichen Bedingungen und Förmlichkeiten absah und doch wenigstens zehn Jahre lang, von der Veröffentlichung des Originals an, währte. Freilich gab auch dieser Rechtszustand wegen der Kürze der Frist noch zu lebhaften Klagen gerechten Anlaß. Es war deshalb ein erfreulicher Fortschritt, als die Pariser Zusatzakte die Frist dem Grundsatz nach auf die volle Dauer des Originalschutzes erweiterte, freilich mit einer recht bedenklichen Einschränkung. Es sollte nämlich jene längere Frist nur dann Platz greifen, wenn binnen der zehn Jahre seit dem Erscheinen des Originals eine rechtmäßige Uebersetzung in einem Verbandlande veröffentlicht war, und zwar auch dann nur für die Sprachen, in die das Werk übertragen worden war. Die Bestrebungen nach völliger Gleichstellung der Uebersetzung mit dem Nachdruck gingen mithin noch weiter. Nachdem inzwischen Deutschland in seinen Sonderabkommen mit Frankreich, Belgien und Italien vereinbart hatte, daß der Urheber gegen Uebersetzung, ohne an irgend welche Bedingung gebunden zu sein, während der ganzen Dauer des Schutzes gegen unmittelbaren Nachdruck geschützt sein solle, hat die Berliner Konferenz diesen Grundsatz auch in die Uebereinkunft eingeführt, so daß das höchste Ziel auf dem Gebiete des Uebersetzungschutzes nun erreicht ist. Wir werden dies als wesentlichen Fortschritt begrüßen dürfen, den die neue Uebereinkunft erzielt hat.

2. Die weggefallenen Förmlichkeiten. — Schon früher Bem. 2. war, sofern die Bedingungen und Förmlichkeiten, die für den Schutz des Originals im Ursprunglande vorgesehen waren, im Berner Verbande von den Bedingungen befreit, die der Urheber für die Uebersetzung noch besonders erfüllen mußte. Jetzt ist diese Auslegung durch den Art. 4 Abs. 2, der die Uebersetzung ebenso trifft wie das Originalwerk, jedem Zweifel entrückt.

3. Erscheinen der Uebersetzung vor dem Originalwerk. — Bem. 3. Nach dem deutschen Rechte gilt, wenn das Werk in Deutschland zuerst als Uebersetzung erscheint, diese als Original. (§ 55 des Gesetzes vom 19. Juni 1909.) Diese Frage ist in der Uebereinkunft nicht berührt, aber der deutsche Rechtssatz bleibt bestehen. Vom Standpunkt des deutschen Gesetzes wird also das französische Werk eines Schweizers, das zunächst in deutscher Fassung in Deutschland erscheint, als deutsches Originalwerk behandelt. Wird umgekehrt das Buch eines Deutschen zuerst als französische Uebersetzung in der Schweiz herausgegeben, so ist es für Deutschland ein Schweizer Werk. Da die Frage, welches das Ursprungland des Originalwerks sei, soweit nicht die Uebereinkunft besonderes bestimmt, nach den Landesgesetzen zu entscheiden ist, so haben auch die anderen Länder die Rechtsfolgen anzuerkennen, die sich aus den deutschen Vorschriften ergeben.

Bem. 4. 4. Unerlaubte Uebersetzungen. — Der bisherige Art. 6 enthielt eine Bestimmung, die sich mit dem Schutze der Uebersetzungen gegen Nachdruck beschäftigte. Danach war bisher nur die vom Urheber genehmigte (die rechtmäßige) Uebersetzung geschützt. Diese Beschränkung ist weggefallen. An die Stelle des Art. 6 ist die Aufnahme der Uebersetzung in den Art. 2 Abs. 2 getreten, woselbst sie an der Spitze der Adaptationen, musikalischen Arrangements und anderer Umarbeitungen erscheint. Wie bei diesen wird auch bei der Uebersetzung nicht mehr zwischen erlaubter und rechtswidriger Wiedergabe unterschieden. Also hat auch der rechtswidrig handelnde Uebersetzer Schutz gegen Nachdruck. Der Grund für diese Aenderung, die sich dem deutschen Gesetz anschließt, liegt darin, daß schlechthin kein Grund vorliegt, Dritten zu gestatten, daß sie eine, wenngleich unerlaubte, Uebersetzung für sich ausbeuten. Auch kann die rechtswidrige Arbeit durch Erlöschen des Originalschutzes sowie durch nachträgliche Genehmigung des Originalurhebers eine erlaubte werden.

Art. 9.

Zeitungsabdruck.

Feuilletonromane, Novellen und alle anderen Werke aus dem Bereiche der Literatur, der Wissenschaft oder der Kunst, gleichviel was ihr Gegenstand ist, welche in Zeitungen oder periodischen Zeitschriften eines Verbandlandes veröffentlicht sind, dürfen in den übrigen Ländern ohne Ermächtigung der Urheber nicht abgedruckt werden.

Mit Ausnahme der Feuilletonromane und der Novellen kann jeder Artikel aus einer Zeitung von einer anderen Zeitung abgedruckt werden, wenn die Wiedergabe nicht ausdrücklich untersagt worden ist. Es ist jedoch die Quelle anzugeben; die Rechtsfolgen der Nichterfüllung dieser Verpflichtung richten sich nach der Gesetzgebung des Landes, in welchem der Schutz beansprucht wird.

Der Schutz dieser Uebereinkunft findet keine Anwendung auf Tagesneuigkeiten oder vermischte Nachrichten, welche sich als einfache Zeitungsmitteilungen darstellen.

1. Das Bedürfnis des Zeitungsverkehrs nach Entlehnung von Artikeln aus anderen Zeitungen hat auf den drei Konferenzen soviel Mühe und Zeit in Anspruch genommen wie kaum eine andere Frage. Die ursprüngliche Regelung, die ihre Formulierung in der Uebereinkunft von 1886, Art. 7, gefunden hat, unterschied nur zwischen zwei Arten von Artikeln. Der allgemeine Grundsatz war, daß Artikel, die in Zeitungen oder periodischen Zeitschriften veröffentlicht waren, abgedruckt werden durften, sofern der Abdruck nicht ausdrücklich untersagt war. Dieses Verbot mußte bei jedem Artikel besonders angebracht sein; nur bei Zeitschriften genügte ein allgemeiner Vorbehalt an der Spitze jeder Nummer. Eine Ausnahme von dem hiernach bedingt gewährten Schutze machten Artikel politischen Inhalts Bem. 1.

sowie Tagesneuigkeiten und „vermischte Nachrichten". Hier durfte der Abdruck nicht verboten werden.

Bem. 2. **2.** Die Konferenz von 1896 führte zu einer Fassung, die die Vorschrift wie folgt änderte (Pariser Zusatzakte IV):

a) Da die Sorge geäußert war, es könne sich die bedingte Abdruckfreiheit auch auf Erzeugnisse der schönen Literatur erstrecken, wurde klargestellt, daß Feuilletonromane, einschließlich der Novellen, auch beim Mangel eines Verbots nicht abgedruckt werden dürfen.

b) Bei anderen Artikeln wurde der Schutz nur in einem Punkte verschärft. Es wurde auch für den Fall, daß das Verbot fehlte, die Verpflichtung auferlegt, beim Abdruck die Quelle anzugeben.

Bem. 3. **3.** Auf der Berliner Konferenz wurden folgende Neuerungen dem Artikel eingefügt.

a) Die Erlaubnis, aus Zeitschriften abzudrucken, ist beseitigt. Die Bestimmungen über den Abdruck beschränken sich also jetzt auf Zeitungen.

b) Es ist — was bis dahin zweifelhaft war — klargestellt, daß der Abdruck nur für Zeitungen frei ist, nicht aber in sonstigen Schriftwerken erfolgen darf. Hier genügt die Zitierfreiheit.

c) Auch politische Artikel können nunmehr durch beigesetztes Verbot dem Abdruck entzogen werden.

Bem. 4. **4.** Ueber den Inhalt des Art. 9 ist noch folgendes zum richtigen Verständnis zu bemerken. Die Feuilletonromane u. dergl. — worunter man belletristische Schriftwerke im weiteren Sinne zu verstehen hat (Plaudereien, Anekdoten usw.) — stehen ganz unter dem allgemeinen Rechte. Ihr Abdruck ist also unbedingt verboten; auch der Verleger darf ihn ohne Einwilligung des Verfassers nicht gestatten. Die gleichwohl erfolgte Vervielfältigung ist objektiv Nachdruck. Anders bei den übrigen Artikeln.

Hier würde, wenn der Artikel nicht mit einem Verbot bewehrt ist, der Abdruck selbst in den Fällen kein Nachdruck sein, in denen der Verleger gegen den Willen des Verfassers den Vorbehalt weggelassen hat. Verantwortlich ist in solchem Falle allein der Verleger oder der Redakteur.

5. Die Fassung des Art. 9 hatte den Zweifel hervorgerufen, ob, wenn der Abdrucker die Quelle nicht angegeben hatte, er wegen Nachdrucks verantwortlich sei oder nur nach den Vorschriften des Landrechts haftbar gemacht werden könne. Die Frage ist im Abs. 2 Satz 2 im zweiten Sinne entschieden worden. Entsprechend dem Vorgange der deutschen Urhebergesetze wird jedenfalls die Unterlassung der Quellenangabe nur durch eine geringe Geldstrafe geahndet werden. Bem. 5.

6. Die Vorschrift des Abs. 6 beruht darauf, daß die Tagesneuigkeiten und vermischten Nachrichten keine Schriftwerke sind, also nicht in den Rahmen der Uebereinkunft fallen. Sollte indes, wie es ja vorkommt, ein solcher Artikel einen solchen stilistischen Aufputz zur Schau tragen, daß er sich als Schriftwerk darstellt, so fällt er unter die Vorschriften des Abs. 2. Bem. 6.

Art. 10.

Zitate, Auszüge u. dergl.

Bezüglich der Befugnis, Auszüge oder Stücke aus Werken der Literatur oder der Kunst zu veröffentlichen, welche für den Unterricht bestimmt oder wissenschaftlicher Natur sind, oder in Chrestomatien aufzunehmen, sollen die Gesetzgebungen der Verbandsländer und die zwischen ihnen bestehenden oder in Zukunft abzuschließenden besonderen Abkommen maßgebend sein.

Bem. Die Verweisung auf die Abkommen hat für Deutschland keine Bedeutung mehr, da das Abkommen mit Frankreich, das den Punkt besonders regelte, außer Kraft getreten ist. Es kommen also auch hier die allgemeinen Grundsätze (Art. 4 Abs. 1) zur Anwendung, d. h. es kann der verbandangehörige Urheber sich auf die Vorschriften berufen, die für den Inländer gelten. Danach kommen die §§ 19 und 21 des Gesetzes vom 19. Juni 1901 in Betracht. Es ist also statthaft: die Anführung einzelner Stellen oder kleinerer Teile eines Schriftwerkes oder einer Rede nach der Veröffentlichung, jedoch nur in einer selbständigen literarischen Arbeit. Die Aufnahme einzelner Aufsätze von geringem Umfange oder einzelner Gedichte ist nach deren Erscheinen zulässig, aber nur für eine selbständige wissenschaftliche Arbeit. Es dürfen ferner einzelne Gedichte nach dem Erscheinen in eine zur Benutzung bei Gesangsvorträgen bestimmte Sammlung aufgenommen werden, die Werke einer größeren Zahl von Schriftstellern vereinigt. Was die im Art. 10 erwähnten Chrestomathien anlangt, so dürfen einzelne Aufsätze von geringerem Umfange, einzelne Gedichte oder kleinere Teile eines Schriftwerkes nach dem Erscheinen in eine Sammlung aufgenommen werden, die die Werke einer größeren Zahl von Schriftstellern vereinigt und für den Kirchen-, Schul- oder Unterrichtsgebrauch bestimmt ist. Die Benutzung für Sammlungen zu einem „eigentümlichen literarischen Zwecke" (Gesetz vom 19. Juni 1901, § 19 Nr. 4) fällt zwar nicht unter die Voraussetzungen des § 8; da indes die Verbandsangehörigen nicht mehr Rechte in Anspruch nehmen können als die Inländer, so kommt auch ihnen gegenüber jene Vorschrift zur Anwendung, woraus sich ergibt, daß im Grunde die Bestimmung des Art. 10 überflüssig ist. — Auf dem Gebiete der Tonkunst ist nach dem Gesetz vom 19. Juni 1901, § 21 zulässig sowohl das Anführen einzelner Stellen in einer selbständigen literarischen Arbeit als die Aufnahme kleinerer Musikstücke in eine selbständige wissenschaftliche Sammlung und die Aufnahme kleinerer Musikstücke in Sammlungen für den Schulgebrauch).

Art. 11.

Oeffentliche Aufführung.

Die Bestimmungen dieser Uebereinkunft finden auf die öffentliche Aufführung dramatischer oder dramatisch-musikalischer sowie auf die öffentliche Aufführung von Werken der Tonkunst Anwendung, gleichviel, ob diese Werke veröffentlicht sind oder nicht.

Die Urheber von dramatischen oder dramatisch-musikalischen Werken werden während der Dauer ihres Rechtes an dem Originale gegen die öffentliche, von ihnen nicht gestattete Aufführung einer Uebersetzung ihrer Werke geschützt.

Die Urheber genießen den Schutz dieses Artikels, ohne daß sie verpflichtet wären, bei der Veröffentlichung des Werkes dessen öffentliche Aufführung zu untersagen.

1. Der Abs. 1 enthält nur eine Klarstellung. Er gibt den Urhebern nichts, was ihnen nicht schon durch Art. 4 Abs. 1 gewährt wäre, nämlich die Gleichbehandlung mit den Inländern auch hinsichtlich der ausschließlichen Befugnis zur öffentlichen Aufführung. Bem. 1.

2. Der Abs. 2 hat eine Doppelnatur. Einerseits verweist er wie Abs. 1 wegen des Rechtes des Urhebers zur Aufführung einer Uebersetzung, auf das Gesetz des Einfuhrlandes. Sollte also dieses ausnahmsweise dem Original keinen Schutz gegen Aufführung gewähren, so wäre Bem. 2.

natürlich auch die Uebersetzung, trotz dem Wortlaute des Abs. 2, schutzlos. Wird dagegen die Uebersetzung nach dem Rechte des Einfuhrlandes geschützt, aber kürzer als das Original, so findet eine solche Einschränkung auf die Werke, die den Schutz der Uebereinkunft genießen, keine Anwendung. Denn der Abs. 2 gibt insoweit eine zwingende (absolute) Vorschrift: ist das Werk überhaupt gegen Aufführung der Uebersetzung geschützt, so dauert dieser Schutz, unabhängig vom Landesrecht, ebenso lange wie für das Original.

Im übrigen weicht der Abs. 2 von dem bisherigen Text insofern ab, als die Aufführungsbefugnis nicht mehr bis zum Erlöschen des Uebersetzungschutzes, sondern bis zum Erlöschen des Rechtes am Original bestehen bleibt. Sachlich kommt im allgemeinen beides auf das gleiche hinaus; denn nach dem neuen Art. 8 enden Original- und Uebersetzungschutz zu gleicher Zeit. Immerhin ist der Fall denkbar, daß ein Land zwar den Art. 11 Abs. 2 ratifiziert, nicht aber den Art. 8, vielmehr hier von dem Vorbehalt (Art. 25 Abs. 3, Art. 27 Abs. 2) Gebrauch macht. In einem solchen Falle wäre das Ergebnis, daß der Schutz gegen Aufführung der Uebersetzung fortdauerte, während doch ein Schutz gegen Vervielfältigung und Verbreitung nicht mehr bestehen würde. Soll diese Verschiedenheit vermieden werden, so muß das Land, das den Vorbehalt trifft, auch die frühere Fassung des Art. 11 Abs. 2 (Art. 9 Abs. 2) vorbehalten.

Bem. 3. **3.** Der Abs. 3 enthält eine durchaus zwingende Vorschrift. Während die Fassung des entsprechenden früheren Art. 9 Abs. 3 für Werke der Tonkunst einen Aufführungsvorbehalt forderte, gleichviel ob er in dem oder dem anderen Lande vorgeschrieben war, ist, in Befolgung des Grundsatzes des Art. 4 Abs. 2 Satz 1, nunmehr bestimmt, daß die Aufführung auch ohne Vorbehalt selbst in den Ländern untersagt ist, wo für inländische Werke der Vorbehalt Rechtens ist.

Art. 12.

Utilisationen.

Zu der unerlaubten Wiedergabe, auf welche diese Uebereinkunft Anwendung findet, gehört insbesondere auch die nicht genehmigte mittelbare Aneignung eines Werkes der Literatur oder Kunst, wie Adaptationen, musikalische Arrangements, Umgestaltung eines Romans, einer Novelle oder einer Dichtung in ein Theaterstück, sowie umgekehrt, u. dergl., sofern die Aneignung lediglich die Wiedergabe dieses Werkes in derselben oder einer anderen Form, mit unwesentlichen Aenderungen, Zusätzen oder Abkürzungen darstellt, ohne die Eigenschaft eines neuen Originalwerkes zu besitzen.

1. Die neue Fassung des Art. 10 des früheren Textes bringt den bisherigen Abs. 1 im wesentlichen unverändert wieder; doch sind aus der Pariser Deklaration die dort für unzulässig erklärten Bearbeitungen — Umgestaltung eines Romans, einer Novelle oder einer Dichtung in ein Theaterstück sowie umgekehrt — hierhergenommen worden. Bem. 1.

2. Hinsichtlich der Grenzen, in denen eine Umformung des Werkes durch einen anderen unzulässig sein sollte, verwies der frühere Abs. 2 auf die Landesgesetze. Diese Bestimmung ist gestrichen worden, so daß die Behörden an sich nun freie Hand hätten, die Frage zu entscheiden, ob „die Aneignung lediglich die Wiedergabe dieses Werkes in derselben oder einer anderen Form, mit unwesentlichen Aenderungen, Zusätzen oder Abkürzungen darstelle, ohne die Eigenschaft eines neuen Originalwerkes zu haben". In der Rechtsanwendung werden freilich die Behörden vermutlich, zur Vermeidung eines allzu will- Bem. 2.

kürlichen Maßstabs, auf das innere Gesetz zurückgreifen müssen.

Bem. 3. 3. Die reichsrechtlichen Vorschriften über die Benutzung geschützter Werke enthalten das Gesetz vom 19. Juni 1901, §§ 12, 13, und das Gesetz vom 9. Januar 1907, § 16. Danach gilt als allgemeiner Grundsatz, daß die freie Benutzung eines Werkes zulässig ist, wenn dadurch eine eigentümliche Schöpfung hervorgebracht wird Weiter ist zu gunsten der Tonwerke gegangen: hier ist jede Benutzung unzulässig, durch die eine Melodie erkennbar dem Werke entnommen und einer neuen Arbeit zu grunde gelegt wird.

Art. 13.

Mechanische Musikwerke.

Den Urhebern von Werken der Tonkunst steht die ausschließliche Befugnis zu: 1. die Uebertragung dieser Werke auf Instrumente, welche zu deren mechanischen Wiedergabe dienen, 2. die öffentliche Aufführung der nämlichen Werke mittels dieser Instrumente zu gestatten.

Vorbehalte und Einschränkungen, die sich auf die Anwendung dieses Artikels beziehen, können durch die innere Gesetzgebung eines jeden Landes, soweit es dabei in Betracht kommt, festgesetzt werden; jedoch ist die Wirkung derartiger Vorbehalte und Einschränkungen ausschließlich auf das Gebiet desjenigen Landes begrenzt, welches sie bestimmt hat.

Die Bestimmung des ersten Absatzes hat keine rückwirkende Kraft und findet daher in einem Verbandslande keine Anwendung auf diejenigen Werke, welche in diesem Lande erlaubterweise vor dem Inkraftsetzen dieser Uebereinkunft auf mechanische Instrumente übertragen worden sind.

Die auf Grund der Abs. 2, 3 dieses Artikels vorgenommenen Uebertragungen, welche ohne Zustimmung der Beteiligten in ein Land eingeführt werden, wo sie verboten sind, können daselbst beschlagnahmt werden.

1. Die bisherige sehr unklare und streitige Ordnung der Beziehungen der Tonsetzer zu den Industriellen hinsichtlich der Frage der freien Benutzung der Werke für mechanische Instrumente hat jetzt eine Lösung gefunden, die alles, was nicht in der Uebereinkunft selbst geregelt ist, der Landesgesetzgebung überläßt. Grundsätzlich hat danach der Urheber das Recht, über die Ausnutzung seines Werkes durch mechanische Instrumente, sei es im Wege der Uebertragung, sei es durch öffentliche Aufführung, zu verfügen. Es wird aber jedem Verbandland überlassen, die Vorbehalte und Einschränkungen zu treffen, die es bei Anwendung der Schutzvorschrift für angebracht hält. Freilich haben diese landesrechtlichen Vorschriften auch nur Wirkung für das eigene Landesgebiet. Es ist also z. B. möglich, daß ein deutsches Werk in Deutschland auf Grund einer Zwangslizenz gegen Vergütung ausgebeutet wird, während es in Italien unbedingten Schutz genießt. Bem. 1.

2. Die Vorschrift des Art. 1 Abs. 2 ist zwingender Natur; die Verbandländer haben also nicht die Freiheit, den Tonsetzern den Schutz zu gunsten der Industriellen völlig zu versagen. Freilich können sie kraft des Abs. 2 den Schutz der Tonsetzer außerordentlich verkümmern. — Nicht übersehen darf werden, daß der Art. 13 nur Werke Bem. 2.

Art. 14.

Kinematographie.

Die Urheber von Werken aus dem Bereiche der Literatur, der Wissenschaft oder der Kunst haben das ausschließliche Recht, die Wiedergabe und die öffentliche Aufführung ihrer Werke durch die Kinematographie zu gestatten.

Den gleichen Schutz wie Werke der Literatur oder Kunst genießen selbständige kinematographische Erzeugnisse, sofern der Urheber durch die Anordnung des Bühnenvorganges oder die Verbindung der dargestellten Begebenheiten dem Werke die Eigenschaft eines persönlichen Originalwerkes gegeben hat.

Unbeschadet der Rechte des Urhebers am Originale wird die Wiedergabe eines Werkes aus dem Bereiche der Literatur, der Wissenschaft oder der Kunst mittels der Kinematographie wie ein Originalwerk geschützt.

Die vorstehenden Vorschriften finden auch Anwendung auf eine Wiedergabe oder ein Erzeugnis, welche durch ein der Kinematographie ähnliches Verfahren zustande kommen.

Bem. 1. **1.** Der Art. 14, der ebenso wie Art. 13 zwingende Vorschriften enthält, die in den Verbandsländern zur Anwendung kommen müssen, auch wenn sie dem inneren Gesetze nicht entsprechen, führt für die Kinematographie in zwei Richtungen einen Schutz ein, der bisher in Deutschland nicht bestand Nach dem deutschen Kunstgesetz,

§ 15, hat der Urheber für ein kinematographisches Erzeugnis nur als Photograph Schutz gegen Nachbildung der äußerlichen Form zu beanspruchen. Der Art. 14 Abs. 1 verlangt jedoch mehr. Die Urheber von literarischen (auch wissenschaftlichen) und künstlerischen Werken sollen ihrerseits einen Schutz haben gegen kinematographische Ausbeutung ihrer Werke; die Ausnutzung soll ihnen vorbehalten bleiben. Eine solche Darstellung soll also ebenso als ein Eingriff ins Urheberrecht angesehen werden wie eine unzulässige Bearbeitung. Insbesondere kann eine kinematographische Darstellung, die sich die Handlung eines Romans aneignet, mit der Dramatisierung einer Erzählung auf eine Stufe gestellt werden.

2. Einen zweiten Schutz führt der Abs. 2 ein. Während bisher der kinematographische Künstler, wenigstens nach deutschem Rechte, nur für das von ihm gefertigte Bild geschützt wird, soll nach dem Abs. 2 ein Schutz für den Gedankeninhalt des Bildes, für den Vorwurf der Darstellung geschaffen werden. Hat nämlich der Kinematograph einen von ihm selbst erfundenen oder doch selbständig zusammengestellten Stoff nicht schriftlich festgelegt, sondern nur mittels seiner Technik dargestellt, so soll der Urheber an dem Gegenstande seiner Darstellung ein Urheberrecht haben. Erforderlich ist hierfür, daß der Kinematograph durch die Anordnung des Bühnenvorgangs oder die Verbindung der dargestellten Begebenheiten (z. B. aus dem Bereich der Geschichte) dem Werke die Eigenschaft eines persönlichen Originalwerkes gegeben hat. Dieser neue Schutz läßt sich dem Schutze eines literarischen Erzeugnisses gleichstellen; denn es handelt sich dabei nicht um die nämliche bildliche Darstellung, sondern darum, daß ein eigener Stoff oder eine selbständige Zusammenstellung von Begebnissen gegen Ausnutzung geschützt werden soll. Freilich unterscheidet sich der Schutz insofern von dem der literarischen Werke, daß der Kinematograph nur gegen die bildliche Wiedergabe seines

Bem. 2.

Stoffs geschützt wird, nicht aber gegen eine schriftliche Erzählung der Begebenheiten, die seine bildliche Darstellung vorführt.

Bem. 3. 3. Eine dritte Seite des Schutzes regelt der Abs. 3. Hat Jemand ein Werk aus dem Bereich der Literatur oder der Kunst mittels der Kinematographie wiedergegeben, so wird diese Bearbeitung wie ein Originalwerk geschützt. Dies gilt, wie sich aus der Bem. 4 zum Art. 6 ergibt, auch dann, wenn die Bearbeitung eine widerrechtliche war — freilich unbeschadet der Rechte des Urhebers des Originals.

Art. 15.

Legitimation des Urhebers.

Damit die Urheber der durch diese Uebereinkunft geschützten Werke bis zum Beweise des Gegenteils als solche angesehen und demgemäß vor den Gerichten der einzelnen Verbandsländer zur Verfolgung der Nachdrucker oder Nachbildner zugelassen werden, genügt es, wenn ihr Name in der üblichen Weise auf dem Werke angegeben ist.

Bei anonymen oder pseudonymen Werken ist der Verleger, dessen Name auf dem Werke angegeben ist, zur Wahrnehmung der dem Urheber zustehenden Rechte befugt. Er gilt ohne weiteren Beweis als Rechtsnachfolger des anonymen oder pseudonymen Urhebers.

Bem. Diese Bestimmung unterscheidet sich von der bisherigen nur dadurch, daß ein weiterer Absatz gestrichen ist. Die darin enthaltene Vorschrift, wonach die Gerichte verlangen durften, daß die Erfüllung der Förmlichkeiten durch die Bescheinigung einer Heimatbehörde nachgewiesen werde, ist gegenstandslos geworden; denn die Formalitäten sind nach Art. 4 Abs. 2 garnicht mehr nachzuprüfen.

Art. 16.

Beschlagnahme.

Jedes nachgedruckte oder nachgebildete Werk kann durch die zuständigen Behörden derjenigen Verbandländer, in welchen das Originalwerk auf gesetzlichen Schutz Anspruch hat, beschlagnahmt werden.

In diesen Ländern kann sich die Beschlagnahme auch auf Vervielfältigungen erstrecken, die aus einem Lande herrühren, wo das Werk keinen Schutz genießt oder aufgehört hat, einen Schutz zu genießen.

Die Beschlagnahme findet statt nach den Vorschriften der inneren Gesetzgebung eines jeden Landes.

1. Diese Bestimmung ist sachlich unverändert geblieben. Bem. 1.
Neu zwar ist dem Anschein nach die Vorschrift, daß eine Vervielfältigung auch dann beschlagnahmt werden kann, wenn sie aus einem Lande herrührt, wo ihre Herstellung erlaubt war. Allein diese Bedeutung der Bestimmung war wohl schon vorher zweifellos.

2. Gegen den Abs. 2 hat man darauf hingewiesen, Bem. 2.
daß diese Bestimmung auf Bauwerke nicht passe. Allein auch der Wortlaut ist für Bauwerke nicht zu verwerten; denn es handelt sich um eingeführte Gegenstände, und Bauwerke pflegen nicht eingeführt zu werden; auch spricht Abs. 2 nur von reproductions, was gleichfalls für Bauwerke nicht zutrifft. Ueberdies ist die Beschlagnahme

nach der ganzen Fassung des Artikels, namentlich nach Abs. 3, nicht etwa ein Recht des Urhebers, sondern der Landesgesetzgebung überlassen, die die Beschlagnahme auch bei anderen Werken ausschließen kann.

Art. 17.

Verwaltungsmaßregeln der Regierungen.

Die Bestimmungen dieser Uebereinkunft beeinträchtigen in keiner Beziehung das der Regierung eines jeden Verbandlandes zustehende Recht, durch Maßregeln der Gesetzgebung oder inneren Verwaltung die Verbreitung, die Darstellung oder das Feilbieten eines jeden Werkes oder Erzeugnisses zu gestatten, zu überwachen und zu untersagen, für welches die zuständige Behörde dieses Recht auszuüben hat.

Bem. Diese Vorschrift gibt nur einen Vorbehalt wieder, den bereits der frühere Text enthält.

Art. 18.

Zeitliche Geltung der neuen Vorschriften.

Diese Uebereinkunft findet Anwendung auf alle Werke, die beim Inkrafttreten der Uebereinkunft noch nicht in ihrem Ursprunglande zufolge des Ablaufes der Schutzfrist Gemeingut geworden sind.

Ist jedoch ein Werk infolge des Ablaufs der ihm vorher zustehenden Schutzfrist in dem Verbandsland, in welchem der Schutz beansprucht wird, bereits Gemeingut geworden, so erlangt es dort auf Grund dieser Uebereinkunft nicht von neuem Schutz.

Die Anwendung dieses Grundsatzes erfolgt nach den Abmachungen der zwischen Verbandländern zu diesem Zwecke abgeschlossenen oder abzuschließenden Sonderabkommen. Mangels derartiger Abmachungen regeln die betreffenden Länder, ein jedes für sich, die Art und Weise dieser Anwendung.

Die vorstehenden Bestimmungen finden entsprechende Anwendung, wenn ein Land dem Verbande neu beitritt und wenn die Schutzdauer in Gemäßheit von Artikel 7 verlängert wird.

1. Der Abs. 1 wiederholt den Grundsatz, demzufolge die Uebereinkunft auch auf die Werke Anwendung findet, die bei ihrem Inkrafttreten bereits hergestellt sind; sie dürfen indes noch nicht in ihrem Ursprungland gemeinfrei geworden sein. Da der Abs. 1 von Werken spricht, die „zufolge des Ablaufs der Schutzfrist" Gemeingut geworden sind, so ist der bisher mögliche Zweifel beseitigt, ob etwa auch solche Werke schutzlos bleiben, die aus anderen Gründen als wegen des Erlöschens der Frist, z. B. wegen verabsäumter Förmlichkeiten oder der Beschaffenheit des Werkes, schutzlos waren. Es tritt in solchen Fällen der neue Schutz ein. Bem. 1.

2. Der Abs. 1 berührt nicht den Fall, daß das Werk im Ursprunglande noch geschützt war, aber in dem Lande, wo der Schutz beansprucht wird, durch Ablauf der bisherigen Frist gemeinfrei geworden ist. Nach der Vorschrift des Abs. 2. bleibt das Werk in diesem Lande gemeinfrei. Bem. 2.

3. Wie bisher behalten nach Abs. 3 die Verbandsländer freie Hand, durch Einzelabkommen oder durch die Bem. 3.

innere Gesetzgebung den Schutz der Urheber entgegen Abs. 1 noch zu verstärken — was freilich in der Praxis nicht vorkommen wird — oder zu gunsten schonungswerter Interessen die Rückwirkung weiter einzuschränken.

Bem. 4. **4.** Nach dem Abs. 4 wäre es möglich, daß z. B. Deutschland, wenn es zur fünfzigjährigen Frist überginge, die Verlängerung auch den bereits gemeinfrei gewordenen Werken zugute kommen ließe oder umgekehrt sie auch den bereits veröffentlichten entzöge.

Art. 19.

Landesrechtliche Vorschriften, die den Urhebern günstiger sind.

Die Bestimmungen dieser Uebereinkunft hindern nicht, die Anwendung weitergehender Vorschriften zu beanspruchen, welche von der Gesetzgebung eines Verbandslandes zu Gunsten der Ausländer im allgemeinen erlassen werden sollten.

Bem. Es ist eine alte Streitfrage, ob in den Punkten, in denen ein Landesgesetz den Urhebern weitergehende Befugnisse einräumt als die Uebereinkunft, diese nur ein Minimum sichern will. In diesem Falle würden die Angehörigen des Verbandes ohne weiteres jenen umfassenderen Schutz beanspruchen können. Diese Auslegung ist jedoch nicht zu billigen. Die absoluten Vorschriften, wie Uebersetzungs- und Zeitungsschutz, wollten ein einheitliches Recht schaffen. Hierbei soll es auch nach dem neuen Texte verbleiben. Das hindert aber nicht, daß das eine oder andere Verbandland den Verbandangehörigen die Begünstigungen seiner Gesetze zugute kommen läßt. Es muß nur die Absicht erkennbar sein, dies zu tun. So verhält es sich mit dem belgischen Urhebergesetz. Dieses enthält den Grundsatz, daß der Schutz den ausländischen

Urhebern ohne Gegenseitigkeit zukomme. Hierbei ist es streitig, ob dies auch für den Fall gelte, wenn Belgien mit dem anderen Lande im Vertragsverhältnis steht; es handelt sich dabei um solche Befugnisse, die nach dem belgischen Rechte noch weiter gehen als die durch absolute Vorschriften den Verbandsangehörigen eingeräumten Rechte, wie es z. B. bei dem Uebersetzungsrecht der Fall ist, das nach der Pariser Zusatzakte bedingt, nach dem belgischen Gesetz dagegen unbeschränkt ist. Die Uebereinkunft setzt fest, daß die günstigere Vorschrift des Gesetzes zur Anwendung gelangt.

Art. 20.

Sonderabkommen.

Die Regierungen der Verbandsländer behalten sich das Recht vor, mit einander besondere Abkommen zu treffen, soweit als diese Abkommen den Urhebern weitergehende Rechte, als ihnen durch den Verband gewährt werden, einräumen oder Bestimmungen enthalten, welche dieser Uebereinkunft nicht zuwiderlaufen. Die Vereinbarungen in bestehenden Abkommen, die mit den ebengenannten Bedingungen übereinstimmen, bleiben in Geltung.

Wie bisher bleibt den Verbandländern die Befugnis, mit einander Sonderabkommen abzuschließen. Jedoch dürfen diese keine Bestimmungen enthalten, die den Urhebern weniger günstig wären als die der Uebereinkunft. Deutschland hat zur Zeit solche Abkommen mit folgenden Staaten: Bem.

1. Frankreich, vom 8. April 1907,
2. Belgien, vom 16. Oktober 1907,
3. Italien, vom 9. November 1907.

Diese Abkommen sind unten S. 00 ff. abgedruckt.

Art. 21 bis 23.
Berner Bureau.
Art. 21.

Das unter dem Namen „Bureau des internationalen Verbandes zum Schutze von Werken der Literatur und Kunst" errichtete internationale Amt wird beibehalten.

Dieses Bureau ist unter den hohen Schutz der Regierung der Schweizerischen Eidgenossenschaft gestellt, welche die Organisation des Bureaus regelt und seinen Dienst beaufsichtigt.

Die Geschäftssprache des internationalen Bureaus ist die französische.

Art. 22.

Das internationale Bureau sammelt Nachrichten aller Art, welche sich auf den Schutz des Urheberrechts an Werken der Literatur und Kunst beziehen; es ordnet dieselben und veröffentlicht sie. Es stellt Untersuchungen an, welche von gemeinsamem Nutzen und von Interesse für den Verband sind, und gibt auf Grund der Dokumente, welche ihm die verschiedenen Regierungen zur Verfügung stellen werden, eine periodische Zeitschrift in französischer Sprache über die den Gegenstand des Verbandes betreffenden Fragen heraus. Die Regierungen der Verbandländer behalten sich vor, nach erfolgter allseitiger Zustimmung das Bureau zur Veröffentlichung einer Ausgabe in einer oder mehreren anderen Sprachen zu ermächtigen, für den Fall, daß sich hierfür ein Bedürfnis durch die Erfahrung herausstellen sollte.

Das internationale Bureau hat sich jederzeit zur Verfügung der Verbandsmitglieder bereit zu halten, um denselben über Fragen, betreffend den Schutz von Werken der Literatur und Kunst, die besonderen Auskünfte zu erteilen, deren sie etwa bedürfen.

Der Direktor des Bureaus erstattet über seine Geschäftsführung einen Jahresbericht, welcher allen Verbandsmitgliedern mitgeteilt wird.

Art. 23.

Die Kosten des Bureaus des internationalen Verbandes werden gemeinschaftlich von den vertragschließenden Ländern getragen. Bis zu neuer Beschlußfassung dürfen sie die Summe von sechzigtausend Franken jährlich nicht übersteigen. Diese Summe kann nötigenfalls erhöht werden durch einfachen Beschluß einer der im Artikel 24 vorgesehenen Konferenzen.

Behufs Festsetzung des Beitrags eines jeden Landes zu dieser Gesamtkostensumme werden die vertragschließenden und die etwa später dem Verbande beitretenden Länder in sechs Klassen geteilt, von denen eine jede in dem Verhältnis einer gewissen Anzahl von Einheiten beiträgt, nämlich:

die 1. Klasse	 25	Einheiten,
„ 2. „	 20	„
„ 3. „	 15	„

die 4. Klasse	....	10 Einheiten,	
„ 5. „	....	5	„
„ 6. „	....	3	„

Diese Koeffizienten werden mit der Zahl der Länder einer jeden Klasse multipliziert, und die Summe der so gewonnenen Ziffern gibt die Zahl der Einheiten, durch welche der Gesamtkostenbetrag zu dividieren ist. Der Quotient ergibt den Betrag der Kosteneinheit.

Jedes Land erklärt bei seinem Beitritt, in welche der oben genannten Klassen es einzutreten wünscht.

Die Schweizerische Regierung stellt das Budget des Bureaus auf, überwacht dessen Ausgaben, leistet die nötigen Vorschüsse und stellt die Jahresrechnung auf, welche allen übrigen Regierungen mitgeteilt wird.

Bem. 1. 1. Zur Erledigung der laufenden Geschäfte des Verbandes ist in Bern ein Bureau eingesetzt worden, das der Regierung der Schweizerischen Eidgenossenschaft unterstellt ist. Dieses Bureau hat folgende Aufgaben:

1.

Es sammelt Nachrichten aller Art, die sich auf den Schutz des Urheberrechts beziehen; es hat die Nachrichten zu ordnen und zu veröffentlichen;

2.

Es stellt Untersuchungen an, die von gemeinsamem Nutzen und Interesse für den Verband sind;

3.

Es gibt eine periodische Zeitschrift in französischer Sprache über Fragen heraus, die den Gegenstand des Verbandes berühren.

2. Das Bureau hat nach Art. 22 den Verbandsmit- Bem. 2.
gliedern Auskünfte über Fragen des Urheberschutzes zu erteilen. Auch erstattet der Direktor den Regierungen einen Jahresbericht.

3. Die Kosten des Bureaus tragen die Vertragstaaten Bem. 3.
gemeinschaftlich. Hierbei werden die beitretenden Staaten in sechs Klassen mit entsprechend abgestuften Beiträgen eingeteilt, deren jede eine bestimmte Zahl von Einheiten zu entrichten hat. Es haben zu zahlen:
zu entrichten hat. Es haben zu zahlen:

in der I. Klasse (je 25 Einheiten) Deutschland, Frankreich, Großbritannien, Italien,
in der II. Klasse (je 20 Einheiten) Spanien, Japan,
in der III. Klasse (je 15 Einheiten) Belgien, Schweden, Schweiz,
in der IV. Klasse (je 10 Einheiten) Dänemark, Norwegen,
in der V. Klasse (je 5 Einheiten) Haiti, Liberia,
in der VI. Klasse (je 3 Einheiten) Monaco, Tunis.

Art. 24.

Revision der Uebereinkunft.

Diese Uebereinkunft kann Revisionen unterzogen werden behufs Einführung von Verbesserungen, welche geeignet sind, das System des Verbandes zu vervollkommnen.

Derartige, sowie solche Fragen, welche in anderen Beziehungen die Entwickelung des Verbandes berühren, sollen auf Konferenzen erörtert werden, welche der Reihe nach in den einzelnen Verbandsländern durch Delegierte derselben abzuhalten sind. Die Regierung des Landes, in welchem eine Konferenz tagen soll, bereitet unter Mitwirkung des internationalen Bureaus die Arbeiten dieser Konferenz vor. Der Direktor des Bureaus wohnt den Konferenzsitzungen bei und nimmt an den Verhandlungen ohne beschließende Stimme teil.

Eine jede Aenderung dieser Uebereinkunft bedarf zu ihrer Gültigkeit für den Verband der einhelligen Zustimmung der Verbandländer.

Bem. Die Uebereinkunft kann Revisionen unterzogen werden. Durch die Berliner Konferenz ist die frühere Regelung nicht abgeändert worden.

Jede Aenderung der Uebereinkunft bedarf der einhelligen Zustimmung der Verbandländer.

Art. 25.

Beitritt anderer Länder.

Denjenigen Ländern, welche sich an dieser Uebereinkunft nicht beteiligt haben, und welche für ihr Gebiet den gesetzlichen Schutz der den Gegenstand dieser Uebereinkunft bildenden Rechte gewährleisten, soll auf ihren Wunsch der Beitritt gestattet sein.

Dieser Beitritt soll schriftlich der Regierung der Schweizerischen Eidgenossenschaft und von dieser allen übrigen Regierungen bekannt gegeben werden.

Derselbe bewirkt von Rechts wegen die Unterwerfung unter alle verpflichtenden Bestimmungen und die Teilnahme an allen Vorteilen dieser Uebereinkunft. Er kann jedoch die Bezeichnung derjenigen Bestimmungen der Uebereinkunft vom 9. September 1886 oder der Zusatzakte vom 4. Mai 1896 enthalten, die diese Länder vorläufig wenigstens an die Stelle der entsprechenden Bestimmungen dieser Uebereinkunft zu setzen für nötig halten.

Ein neu beitretendes Land hat den Beitritt der Regierung der Schweizerischen Eidgenossenschaft schriftlich anzuzeigen, die ihn sodann den übrigen Regierungen bekannt gibt. Der Beitritt bewirkt die Unterwerfung unter die Verpflichtungen und den Genuß der Rechte, die die Uebereinkunft bestimmt, unbeschadet der Vorbehalte hinsichtlich der Pariser Zusatzakte und der Deklaration. Siehe das Nähere hierüber in der Bem. 2 zu Art. 27. Bem.

Art. 26.

Beitritt der Kolonien u. dergl.

Die Verbandländer haben jederzeit das Recht, dieser Uebereinkunft für ihre Kolonien oder auswärtigen Besitzungen beizutreten.

Zu diesem Behufe können sie entweder eine allgemeine Erklärung abgeben, nach welcher alle ihre Kolonien oder Besitzungen in den Beitritt einbegriffen sind, oder diejenigen besonders benennen, welche darin einbegriffen, oder sich darauf beschränken, diejenigen zu bezeichnen, welche davon ausgeschlossen sein sollen.

Diese Erklärung soll schriftlich der Regierung der Schweizerischen Eidgenossenschaft und von dieser allen übrigen Regierungen bekannt gegeben werden.

Der Beitritt der Kolonien und sonstigen auswärtigen Bem. Besitzungen ist wie bisher geregelt.

Art. 27.

Verhältnis der neuen Uebereinkunft zu den früheren Texten.

Diese Uebereinkunft tritt in den Beziehungen zwischen den Verbandstaaten an Stelle der Uebereinkunft von Bern vom 9. September 1886 einschließlich des Zusatzartikels und des Schlußprotokolls vom gleichen Tage sowie der Zusatzakte und der erläuternden Deklaration vom 4. Mai 1896. Die vorgenannten Vertragsakte sollen in den Beziehungen zwischen denjenigen Staaten, die diese Uebereinkunft nicht ratifizieren sollten, in Wirksamkeit bleiben.

Diejenigen Staaten, welche diese Uebereinkunft unterzeichnet haben, können beim Austausch der Ratifikationsurkunden erklären, daß sie hinsichtlich des einen oder des anderen Punktes durch die Bestimmungen der Uebereinkommen, die sie früher unterzeichnet hatten, gebunden zu bleiben wünschen.

Bem. 1. **1.** Die alte Uebereinkunft wird nicht unmittelbar aufgehoben (Abs. 1). Das wäre auch gar nicht angängig; die Staaten, die nicht die neue Uebereinkunft ratifizieren, dagegen an der alten festhalten, haben ein vertragsmäßiges Recht darauf, daß auch die anderen Staaten das bisherige Verhältnis fortsetzen. Die anderen Staaten, die die neue Uebereinkunft an die Stelle der älteren setzen wollen, haben nur das Recht, unter Einhaltung der Kündigungsfrist von drei Monaten aus dem alten Verbande auszuscheiden und mit gleichgesinnten Staaten einen neuen Verband auf Grund des revidierten Vertrags zu gründen

(Uebereinkunft vom 9. September 1886 Art. 20). Aber auch die Staaten, die zum Abschluß der neuen Uebereinkunft bereit sind, haben das Recht, für sich die Geltung gewisser Bestimmungen auszuschließen. Dies sieht der Art. 27 Abs. 2 vor. Auf diese Weise kann freilich ein buntscheckiges Bild hervorgehen, das sich aus recht verschiedenen Rechtsverhältnissen zwischen den einzelnen Verbandländern zusammensetzt. Dies war indes nicht zu vermeiden. Volle Sicherheit, daß alle Aenderungen die Zustimmung sämtlicher Verbandländer finden werden, ließ sich auf der Berliner Konferenz nicht verschaffen. So mußte man denn die Möglichkeit offen halten, daß ein Teil der Länder die abgeänderten Vorschriften wenigstens teilweise beibehalten möchte, freilich in der Hoffnung, daß schließlich, abgesehen von der Schutzfrist, kein Land von einem Vorbehalt Gebrauch machen werde. Und diese Hoffnung wird sich im Hinblick auf den zur Einigung geneigten Sinn der Delegierten wohl rechtfertigen lassen.

2. Begrenzung der Vorbehalte. — Jeder Vorbehalt hat die Freiheit, den Rechtszustand aufrecht zu erhalten, in welchem es sich bis zur Ratifikation befand. Es stellen sich also folgende Möglichkeiten heraus: Bem. 2.

1. Der Staat war bisher nur Mitglied des Verbandes von 1887 und will daran festhalten;
2. Der Staat, der bisher nur dem Verband von 1887 angehörte, will jetzt die Pariser Zusätze von 1896, nicht aber die in Berlin revidierte Uebereinkunft annehmen;
3. Der Staat, der bisher dem Verband von 1887 angehörte, will der Uebereinkunft von 1908 beitreten, aber nur mit gewissen, den Schutz abschwächenden Maßgaben, die sich aus der Uebereinkunft von 1887 oder von 1896 ergeben.
4. Der Staat, der bisher dem Verband von 1896 angehörte, will der Uebereinkunft von 1908 bei-

treten, aber nur mit gewissen Einschränkungen, die sich aus der Uebereinkunft von 1896 ergeben.

5. Der Staat, der bisher nur dem Verband von 1887 oder von 1896 angehörte, will der Uebereinkunft ohne Vorbehalt beitreten.

Nicht zulässig ist es hiernach, unter Ausnutzung des Vorbehalts den Schutz des Urheberrechts weiter abzuschwächen, als er es zur Zeit der Ratifikation ist. Es darf nicht etwa ein Land die Gelegenheit benutzen, den Uebersetzungschutz von 1896 auf den von 1887 hinabzuschrauben. Ob im übrigen ein Land von sämtlichen Vorbehalten Gebrauch machen will oder nur von einem Teile davon, steht bei ihm. Die Vorschrift, die zufolge eines Vorbehalts an die Stelle des Berliner Textes tritt, muß sich mit der Fassung, die sie in den Abkommen von 1887 oder 1896 hat, genau decken. Eine Abweichung, wäre sie auch zu gunsten der Urheber, ist unzulässig.

Bem. 3. 3. Die Möglichkeit von Verbänden mit einschränkenden Bestimmungen. — Wie gestaltet sich der Rechtszustand gegenüber den Ländern, die Vorbehalte treffen? Selbstverständlich ist der Staat A, der Vorbehalte macht, nicht befugt, auf Grund weitergehender Vorschriften der neuen Uebereinkunft gegen andere Staaten Ansprüche zu erheben. Vielmehr sind die anderen nur in eben dem Maße dem Staate A verpflichtet, wie er ihnen. Mit anderen Worten: Der Staat A auf der einen Seite, die übrigen Länder auf der anderen, bilden einen beschränkten Verband. Wenn also z. B. ein Russe sein Werk in Schweden veröffentlicht, so hat, da dieses Land bisher den Art. 3 der Pariser Zusatzakte nicht ratifiziert hat, nicht der Russe, sondern nur der schwedische Verleger den Schutz der revidierten Uebereinkunft. Für die Praxis ist freilich nicht anzunehmen, daß Schweden einen Vorbehalt zu gunsten des Verleger-Urheberrechts treffen möchte. Praktisch aber ist die Frage des Uebersetzungsschutzes. Sollten Schweden und Norwegen dabei bleiben, daß die ausschließliche Befugnis des Urhebers, sein Werk zu übersetzen, schon zehn Jahre nach der Veröffentlichung erlischt, so werden auch in Zukunft die schwedischen und norwegischen Werke nur während dieser Zeitdauer geschützt.

Art. 28.

Diese Uebereinkunft soll ratifiziert und die Ratifikationsurkunden sollen in Berlin spätestens am 1. Juli 1910 ausgetauscht werden.

Jeder vertragschließende Teil wird für den Austausch der Ratifikationsurkunden ein einziges Instrument übergeben, das zusammen mit denjenigen der übrigen Staaten in den Archiven der Regierung der Schweizerischen Eidgenossenschaft niedergelegt werden soll. Jeder Teil erhält dafür ein Exemplar des Protokolls über den Austausch der Ratifikationsurkunden, das von den Bevollmächtigten, die am Austausche teilnehmen, unterzeichnet ist.

Art. 29.

Diese Uebereinkunft wird drei Monate nach dem Austausche der Ratifikationsurkunden in Kraft gesetzt werden, sowie für unbestimmte Zeit und im Falle einer Kündigung bis zum Ablauf eines Jahres von dem Tage der Kündigung ab in Wirksamkeit bleiben.

Diese Kündigung soll an die Regierung der Schweizerischen Eidgenossenschaft gerichtet werden. Sie soll nur in Beziehung auf dasjenige Land Wirksamkeit haben, von dem sie ausgegangen ist, während die Uebereinkunft für die übrigen Verbandsstaaten weiter in Kraft bleiben soll.

Art. 30.

Die Staaten, welche in ihre Gesetzgebung die in Artikel 7 Abs. 1 dieser Uebereinkunft vorgesehene Schutzdauer von fünfzig Jahren einführen, werden davon der Regierung der Schweizerischen Eidgenossenschaft durch eine schriftliche Erklärung Kenntnis geben, die durch diese Regierung alsbald allen anderen Verbandsstaaten mitgeteilt werden wird.

Das gleiche gilt für die Staaten, welche auf die von ihnen in Gemäßheit der Artikel 25, 26 und 27 gemachten Vorbehalte verzichten.

Zu Urkund dessen haben die betreffenden Bevollmächtigten diese Uebereinkunft vollzogen und ihre Siegel beigedrückt.

So geschehen zu Berlin, am 13. November Eintausendneunhundertundacht in einem einzigen Exemplare, das in den Archiven der Regierung der Schweizerischen Eidgenossenschaft niedergelegt werden soll und von dem Abdrücke, gleichmäßig beglaubigt, auf diplomatischem Wege den vertragschließenden Staaten übermittelt werden.

Bem. Die Schlußbestimmungen enthalten die Vereinbarungen über

1. die Ratifikation der Uebereinkunft;
2. deren Inkrafttreten sowie die Kündigung, die nach Ablauf eines Jahres Wirksamkeit erlangt;
3. die Verpflichtung zur Mitteilung an die schweizerische Regierung in den Fällen, daß ein Verbandland die Schutzfrist von fünfzig Jahren einführt oder auf einen Vorbehalt verzichtet.

Verzeichnis der Stichwörter.

(A.: Artikel. — B.: Bemerkung.)

A.

Absolute Bestimmungen A. 4 Abs. 1, B. 4.

Adaptationen A. 12.

Angewandte Kunst A. 2 Abs. 4, B. 4.

Arrangements, musikalische A. 12.

Artikel, Abdruck von Zeitungsartikeln A. 9.

Aufführung von dramatischen und dramatisch-musikalischen Werken und von Werken der Tonkunst A. 11.

Auszüge A. 10.

B.

Bearbeitungen A. 2 Abs. 2, B. 3; — A. 8 B. 4; — A. 12.

Beitritt anderer Staaten zum Verbande A. 25.

Berliner Fassung der Uebereinkunft A. 1 B. 2.

Berner Uebereinkunft, Geschichte A. 1 B. 1; — Pariser Zusatzakte A. 1 B. 2; — Pariser Deklaration A. 1 B. 2; — Berliner Text A. 1 B. 2.

Beschlagnahme A. 17.

Bureau des Verbandes A. 21 bis 23.

C.

Chrestomatien A. 10.

D.

Dramatisierung A. 12.

F.

Förmlichkeiten A. 4 Abs. 2, B. 5; — A. 15 B.

G.

Gewerbliche Kunsterzeugnisse A. 2 Abs. 4, B. 4.

K.

Kinematographie A. 14.

Kunst (angewandte) A. 2 Abs. 4, B. 4.

Kunstgewerbliche Erzeugnisse A. 2 B. 4.

L.

Legitimation des Urhebers A. 15.

M.

Mechanische Musikinstrumente A. 13.

Musikinstrumente A. 13.

P.

Pantomimen A. 2 Abs. 1.

Pariser Zusatzakte A. 1 B. 2; — Deklaration A. 1 B. 2.

Personalprinzip des Schutzes der Werke A. 4 Abs. 1, B. 1.

Photographien A. 3, A. 7 Abs. 3.

Q.

Quellenangabe A. 9 Abs. 2, B. 5.

R.

Rechtsnachfolger A. 4 Abs. 1, B. 2.

Revision der Uebereinkunft A. 24.

Rückwirkung A. 13 Abs. 3, B. 4; — A. 18.

S.

Schriftwerke A. 2 B. 2.

Sonderabkommen A. 20.

Staatsangehörigkeit A. 4 Abs. 1, B. 3.

T.

Territorialprinzip des Schutzes A. 4 Abs. 1, B. 1.

U.

Uebersetzung A. 4; — unerlaubte A. 4 B. 4.

Unabhängigkeit des Schutzes vom Rechte des Ursprunglands A. 4 Abs. 2, B. 5.

Urheberschutz für Urheber, die einem Verbandland angehören A. 4; — für Urheber die keinem Verbandland angehören A. 6; — Gleichstellung der verbandangehörigen Urheber mit den Inländern A. 4 B. 1.

Ursprungland A. 4 Abs. 3, B. 6.

Utilisationen A. 12.

V.

Verband, die dem Verband angehörigen Staaten A. 1 B. 4.

Veröffentlichung der Werke A. 4 Abs. 4, B. 7; — A. 5.

Vorbehalte bei Zeitungsartikeln A. 9 Abs. 2, B. 1, 4; — bei Werken der Tonkunst A. 11 Abs. 8.; — bei der Ratifikation A. 25, A. 27.

W.

Werke, Gattungen der durch die Uebereinkunft geschützten Werke A. 2; — räumliche Abgrenzung der durch die Uebereinkunft geschützten Werke A. 4 Abs. 1, 5, 6.

Z.

Zeitschriften A. 9.

Zeitungen, Abdruck A. 9.

Zitate A. 10.

Druck von Otto Walter, Berlin S. 14
Kommandantenstraße 44a.

Guttentag'sche Sammlung
Deutscher Reichsgesetze.
Text-Ausgaben mit Anmerkungen. Taschenformat.

---

1. **Verfassung** des Deutschen Reichs. Von Dr. **L. von Rönne.** 9. Aufl. von Landrat **P. von Rönne.** 1904. Mit Abänderungen vom Mai 1906. 2 M. 40 Pf.

2. **Strafgesetzbuch** für das Deutsche Reich. Von Dr. **H. Rüdorff.** 22. Aufl. von Dr. **H. Appelius.** 1907 mit Novelle v. 17. II. 08. 1 M. 50 Pf.

3. **Militärstrafgerichtsordnung** nebst Einführungsgesetz Von Wirkl. Geheimen Kriegsrat Dr. jur. **A. Romen** u. Kriegsgerichtsrat Dr. jur. **Carl Rissom.** 1910. Im Druck.

4. **Handelsgesetzbuch vom 10. Mai 1897 unter Ausschluß des Seerechts.** 13. Aufl. herausgegeben von Geh. Justizrat Prof. Dr. **A. Mosse.** 1905. 3 M.

5. Allgemeine Deutsche **Wechselordnung.** 10. Aufl. von Justizrat Dr. **J. Stranz** und Rechtsanwalt Dr. **M. Stranz,** und das Reichsgesetz über die **Wechselstempelsteuer** von Geh. Regierungsrat **P. Loeck.** 10. Aufl. 1909. 3 M.

5a. **Wechselstempelsteuergesetz** apart. 10. Aufl. 1 M. 25 Pf.

6. **Reichsgewerbeordnung** nebst Ausführungsbestimmungen. Von **Berger** und **Wilhelmi.** 18. veränderte und sehr vermehrte Auflage von Stadtrat Dr. **Karl Flesch** in Verbindung mit Dr. **Friedr. Hiller** u. Dr. **Herm. Luppe.** 1910. M.

Ergänzungsband: **Preußische Ausführungsanweisung.** 1904. 2 M.

7. **Post- und Telegraphen-Gesetzgebung.** Nebst Weltpostvertrag und internationalem Telegraphenvertrag. 6. Aufl. von Geh. Ober-Postrat Dr. **M. König.** 1908. 4 M.

8. Die Reichsgesetze über den **Unterstützungswohnsitz die Freizügigkeit, den Erwerb und Verlust der Bundes- und Staatsangehörigkeit.** Von Geheimrat Dr. **J. Krech,** Mitglied d. Bundesamtes für das Heimatwesen. 7. Aufl. 1908. 3 M.

9. **Sammlung kleinerer strafrechtlicher Reichsgesetze.** Bearbeitet von **M. Werner,** Geh. Ober-Regierungsrat. 2. Aufl. 1903. 3 M.

10. **Das Reichsbeamtengesetz** von **J. Pieper.** 2. Aufl. 1901. 4 M. 50 Pf.
— In der Fassung von 1907 siehe Nr. 82.

11. **Zivilprozeßordnung mit Gerichtsverfassungsgesetz in den neuesten Fassungen.** Von **R. Sydow.** Fortgeführt von **L. Busch.** 11. Aufl. mit der Novelle vom Mai 1909 als Anhang. 8°. 1909. 6 M.

12. **Strafprozeßordnung und Gerichtsverfassungsgesetz** nebst den Gesetzen, betr. die Entschädigung der im Wiederaufnahmeverfahren freigesprochenen Personen und die Entschädigung für unschuldig erlittene Untersuchungshaft. Von Dr. **A. Hellweg**, Reichsgerichtsrat. 15. Aufl. 1908. 2 M.

13. **Konkursordnung und Anfechtungsgesetz.** Von **R. Sydow.** Fortgeführt von **L. Busch.** 10. Aufl. 1906. 2 M. 25 Pf.

14. **Gerichtsverfassungsgesetz** mit Einführungsgesetz. Herausgegeben von **R. Sydow.** Fortgeführt von **L. Busch.** 9. Aufl. 1905. 1 M. 50 Pf.

15. **Das Deutsche Gerichtskostengesetz** nebst den Gebührenordnungen für Gerichtsvollzieher, Zeugen und Sachverständige. Von **R. Sydow.** Weiter bearbeitet von **L. Busch.** 8. Aufl. 1907. Mit Nachtrag v. 1. VI. 1909. 2 M.

16. **Rechtsanwaltsordnung.** Von **R. Sydow.** 6. Aufl. von Justizrat **M. Jacobsohn.** 1907 1 M. 20 Pf.

17. **Die Deutsche Gebührenordnung für Rechtsanwälte und das Preußische Gebührengesetz** vom 27. September / 6. Oktober 1899. Von **R. Sydow.** Fortgeführt von **L. Busch.** 9. Aufl. 1910. 2 M.

18. **Reichsstempelgesetz (Börsensteuer, Frachturkunde, Kraftfahrzeuge, Personenfahrkarte, Tantieme für Aufsichtsratsmitglieder).** Vom 15. Juli 1909. Von **P. Loeck,** Geh. Regierungsrat. 10. Aufl. 1910. 8°. M. Pf.

19. Die **Seegesetzgebung.** Von Dr. **W. E. Knitschky.** 4. Aufl. bearbeitet von Oberlandesgerichtsrat **Otto Rudorff** in Hamburg. 1908. Mit Anhang vom Januar und Juli 1909. 6 M.

20. **Krankenversicherungsgesetz.** Von weil. Dr. **E. von Woedtke.** 11. Aufl. von Geh. Reg.-Rat Dr. **G. Eucken-Addenhausen.** 1905. 3 M.

21. Die **Konsulargesetzgebung.** Von Professor Dr. **Ph. Zorn.** 2. Aufl. 1901. 3 M.

22. **Patentgesetz.** Nebst Ausführungsbestimmungen, völkerrechtlichen Verträgen und der Patentanwalts-Ordnung. 7. Aufl. bearbeitet von **R. Lutter,** Geh. Reg.-Rat im Kaiserl. Patentamt. 1908. 2 M. 80 Pf.

23. **Gewerbe-Unfallversicherungsgesetz.** Von weil. Dr. **E. v. Woedtke.** 9. Aufl. von **Franz Caspar,** Direktor im Reichsamt des Innern. 1907. 2 M. 50 Pf.

24. **Aktiengesellschaft und Kommanditgesellschaften auf Aktien.** Von Justizrat Dr. **H. Veit Simon** und Amtsrichter **L. Keyssner.** 1909. 6. Aufl. Im Druck.

25. **Brausteuergesetz** vom 15. Juli 1909. Von **A. Düffe**, Oberzollrevisor. 2. Aufl. 1909. 3 M.

26. **Die Reichsgesetzgebung über Münz- und Notenbankwesen**, Papiergeld, Prämienpapiere und Reichsschulden. Von Dr. jur. **R. Koch**, Präsident des Reichsbankdirektoriums. 6. Aufl. 1910. M. Pf.

27. Die Gesetzgebung, betr. das **Gesundheitswesen** im Deutschen Reich Von Dr. jur. **C. Goesch** und Dr. med. **J. Karsten.** 1888. 1 M. 60 Pf.

28. **Bau-Unfallversicherungsgesetz.** Vom 30. Juni 1900. Von **R. Chrzescinski**, Kaiserl. Regierungsrat. 3. Aufl. 1900 2 M.

29. **Erwerbs- und Wirtschaftsgenossenschaften.** Von **L. Parisius** und Dr. **H. Crüger.** 13. Aufl. von Dr. **H. Crüger.** 1910. 1 M. 50 Pf.

30. **Invalidenversicherungsgesetz** vom 13. Juli 1899. Von weil. Dr **E. v. Woedtke.** 10. Aufl. von Regierungsrat **H. Follmann.** 1906. 4 M.
Siehe auch Handausgabe von Freund Seite 24.

31. **Gewerbegerichtsgesetz.** Von Stadtrat **L. Mugdan.** 6. Aufl. bearbeitet von **W. Cuno**, Erstem Bürgermeister zu Hagen i. W. 1906. 2 M. 20 Pf.

32. **Reichsgesetz, betr. die Gesellschaften mit beschränkter Haftung.** Von **L. Parisius** und Dr. **H. Crüger.** 10. Aufl. von Dr. **H. Crüger.** 1910. 1 M. 40 Pf.

33. **Vereins- und Versammlungsrecht.** Von Dr. **E. Ball.** 2. Aufl. von Dr. **F. Friedenthal.** 1907. 2 M. 50 Pf.
Reichs-Vereinsgesetz vom 19. April 1908 vide Nr. 88.

34. Die **Abzahlungsgeschäfte.** Gesetz vom 16. Mai 1894. 2. vermehrte Aufl. besorgt von Dr. **E. Wilke,** Landgerichtsrat. 1901. 1 M. 20 Pf.

35. Die **Reichs-Eisenbahngesetzgebung.** Von **W. Coermann,** Kaiserl. Amtsrichter. 1895. 2 M. 25 Pf.

36. Gesetze, betr. die **privatrechtlichen Verhältnisse der Binnenschiffahrt und der Flößerei.** Von **E. Löwe,** Landgerichtsrat. 4. Aufl. 1909. 3 M.

37. Gesetz gegen den **unlauteren Wettbewerb.** 5. Auflage. Von Justizrat **Pinner.** 1909. 1 M.

38/39. **Bürgerliches Gesetzbuch nebst Einführungsgesetz** von Dr. **A. Achilles.** In Verbindung mit Professor Dr. **André,** Kammergerichtsrat **Ritgen,** Ober-Landesgerichtsrat **Strecker,** Ministerialrat Dr. **Unzner** herausgegeben von Geh. Ober-Justizrat **Greiff.** 6. Aufl. 8°. 1909. 6 M. 50 Pf.

40 Gesetz, betr. die **Pflichten der Kaufleute bei Aufbewahrung fremder Wertpapiere (Depotgesetz).** Mit Erläuterungen. Von **F. Lusensky,** Geh. Ober-Regierungsrat. 2 Aufl. 1905. 1 M.

41. **Börsengesetz.** In der Fassung der Novelle vom 8. Mai 1908. 2. Aufl. Von Wirkl. Geh. Ob.-Regierungsrat **Th. Hemptenmacher,** Staatskommissar an der Berliner Börse. 1908. 2 M.

42. **Grundbuchordnung** nebst den preußischen Ausführungsbestimmungen. Mit Einleitung. Von Prof. Dr. **O. Fischer.** 5. Aufl. 1909. 2 M.

43. **Zwangsvollstreckung in das unbewegliche Vermögen** im Reiche und in Preußen. Mit Einleitung, Kosten- und Gebührentabellen. Von Dr. **J. Krech,** Kaiserl. Geh. Regierungsrat und Professor Dr. **O. Fischer.** 5. Aufl. 1907. 2 M.

44. **Das Reichsgesetz über das Auswanderungswesen** vom 9. Juni 1897. Von Professor Dr. **Felix Stoerk.** 1899. 2 M. 25 Pf.

45. **Das Entmündigungsrecht** unter Berücksichtigung der für Preußen geltenden Vorschriften nebst der preußischen Justiz-Ministerial-Verfügung vom 28. November 1899. Von Landgerichtsrat Dr. **P. Koll** in Cöln. 1900. 1 M. 50 Pf.

46. **Die Gesetze des Reiches und Preußens über die freiwillige Gerichtsbarkeit.** Von **Herm. Jastrow,** Amtsgerichtsrat. 4. Aufl. 1906. 3 M.

47. **Das deutsche Vormundschaftsrecht** und das preuß. Gesetz über die Fürsorgeerziehung Minderjähriger nebst den dazu gehörigen preußischen Nebengesetzen. Von **Max Schultzenstein,** Oberverwaltungsgerichtsrat und Amtsgerichtsrat Dr. **Paul Köhne.** 2. Aufl. 1901. 3 M.

48. Gesetze und Verordnungen, betr. den **Drogen-, Gift- und Farbenhandel** außerhalb der Apotheken. Von Dr. **Broh,** Rechtsanwalt. 1899. 1 M. 25 Pf.

49. Deutsche **Kolonialgesetzgebung.** Von Professor Dr. **Philipp Zorn.** 1901. 4 M. 50 Pf.

50. Der **Viehkauf** (Viehgewährschaft) nach dem Bürgerlichen Gesetzbuche. Nebst Verordn. betr. die Hauptmängel und Gewährsfristen beim Viehhandel. Von Rechtsanwalt Dr. **H. Stölzle** und Königl. Kreistierarzt **H. Weiskopf.** 4. Aufl. 1908. 4 M.

51. **Hypothekenbankgesetz** vom 13. Juli 1899. Von Dr. **H. Göppert,** Gerichts-Assessor. 1900. 1 M. 80 Pf.

52. Gesetz, betreffend die gemeinsamen **Rechte der Besitzer von Schuldverschreibungen.** Von Dr. **Heinrich Göppert,** Gerichts-Assessor. 1900. 2 M.

53. **Reichspreßgesetz** vom 7. Mai 1874. Kommentar von **A. Born,** Polizeiassessor. 1900. 1 M. 50 Pf.

54. Die Reichsgesetzgebung über den Verkehr mit **Nahrungsmitteln, Genußmitteln und Gebrauchsgegenständen.** Von Dr. **Georg Lebbin,** Nahrungsmittelchemiker. 1900. 2 M. 25 Pf.

55. **Das Recht der Beschlagnahme von Lohn- und Gehaltsforderungen.** Von Justizrat **Georg Meyer.** 3. Aufl. 1908. 2 M. 50 Pf.

56. Gesetz, betr. die **Bekämpfung gemeingefährlicher Krankheiten.** Nebst Ausführungsbestimmungen. Von Dr. **Bruno Burkhardt,** Regierungsrat, Mitglied des Kais. Gesundheitsamts. 1900. 1 M. 40 Pf.

57. **See-Unfallversicherungsgesetz.** Von **Dr. Max Mittelstein,** Oberlandesgerichtsrat in Hamburg. 1901 2 M.

58. **Das Recht der unehelichen Kinder nach dem BGB.** Von **Hermann Jastrow,** Amtsg.-Rat. 1901. 1 M. 80 Pf.

59. Reichsgesetz über die **Beurkundung des Personenstandes und die Eheschließung.** Von Dr. **F. Fidler,** Amtgerichtsrat. 1901. 1 M. 80 Pf.

60. Gesetz, betreffend das **Urheberrecht an Werken der Literatur und der Tonkunst.** Von Landrichter **Otto Lindemann.** 2. Aufl. 1907. 1 M. 60 Pf.

61. Gesetz über das **Verlagsrecht.** Von Justizrat **Ernst Heinitz.** 1901. 1 M. 50 Pf.

62. Über die **privaten Versicherungsunternehmungen.** Von **H. Könige,** Reichsgerichtsrat. 2. Aufl. in Bearbeitung.

63. **Gesetzestafel des Deutschen Reichsrechts.** Systematisch geordnete Nachweisung des z. Z. geltenden Reichsrechts. Ergänzungsband zu der Guttentag'schen Sammlung Deutscher Reichsgesetze. Von **Hugo Bruhns,** Syndikus. 1902. 8°. 2 M. 50 Pf.

64. Gesetzsammlung betr. den **Handel mit Drogen und Giften.** Reichsgesetzl. Bestimmungen und Anhang mit den landesgesetzl. Verordnungen sämtlicher Bundesstaaten. Von Rechtsanwalt **H. Sonnenfeld,** Syndik. d. Berl. Drogisten-Innung. 1902. 3 M

65. Das **Weingesetz** in der Fassung v. 1909. Mit Ausführungsbestimmungen von Dr. **Georg Lebbin,** Handels- u. Gerichtschemiker. 2. Aufl. 1909 2 M. 50 Pf.

66. **Die Eisenbahn-Gesetzgebung.** Von **W. Pietsch,** Geh. exp. Sekretär im Reichs-Eisenbahn-Amt. 1902. 5 M.

67. **Militär-Strafgesetzbuch.** In Vorbereitung.

68. Das **Fleischbeschaugesetz.** Vom 3. Juni 1900. Von Dr. **Georg Lebbin,** Gerichtschemiker und Rechtsanwalt Dr. **Georg Baum.** 1903. 4 M.

69. **Reichsgesetz über die Naturalleistungen der bewaffneten Macht im Frieden** nebst den in Preußen geltenden Bestimmungen. Von Regierungsassessor Dr. **Walter v. Hippel.** 1903. 1 M. 25 Pf.

70. Das **Reichs-Haftpflichtgesetz,** betr. die Verbindlichkeit zum Schadensersatz für die bei dem Betriebe von Eisenbahnen, Bergwerken, Steinbrüchen, Gräbereien und Fabriken herbeigeführten Tötungen und Körperverletzungen, vom 7. Juni 1871. Von Regierungsrat Dr. **G. Eger.** 1903. Preis 3 M.

71. **Kinderarbeit in gewerblichen Betrieben,** v. 30. März 1903. Von **H. Spangenberg,** Oberverwaltungsgerichtsrat. 2. Aufl. 1904. 1 M. 60 Pf.

72. **Unfallversicherungsgesetz für Land- und Forstwirtschaft** von weil. Dr. **E. von Woedtke,** fortgesetzt von **Alfred Radtke,** Geh. Regierungsrat und Senatspräs. im Reichsversicherungsamt. 2. Aufl. 1904. 4 M. 50 Pf.

73. **Entschädigung für unschuldig erlittene Verhaftung und Bestrafung.** Nebst Anhang, enth. die dazu gehörigen Nebengesetze über Schadensersatz. Von Dr. jur. **A. Romen,** Wirkl. Geh. Kriegsrat und vortr. Rat im Kriegsministerium. 1904. 2 M.

74. Die **Kaufmannsgerichte** nebst den preuß. Ausführungsbestimmungen. Von Prof. Dr. **Max Apt,** Syndikus der Korporation der Berliner Kaufmannschaft. 3. Aufl. 1905. 2 M.

75. Reichsgesetz über die **Konsulargerichtsbarkeit.** Von Dr. jur. **A. F. Vorwerk,** Rechtsanwalt in Schanghai. 2. Ausgabe, mit dem Schutzgebietsgesetz und der Ausführungsverordnung, betr. die Rechtsverhältnisse in den Schutzgebieten. 1908. 2 M.

76. **Die Rechtshilfe im Verkehr mit den ordentlichen Gerichten nach deutschem Reichsrecht.** Von Landrichter Dr. **A. Friedländer.** 1906. 1 M. 80 Pf.

77. **Das Reichserbschaftssteuergesetz.** Vom 3. Juni 1906. Von **Ulrich Hoffmann,** Geh. Registrator im Kgl. Preuß. Finanzministerium. 1910. M. P.

78. **Zigarettensteuergesetz.** Vom 15. Juli 1909. Von Dr. **Cuno,** Regierungsassessor. 2. Aufl. 1909. Im Druck, nach Erlaß der sämtl. Ausf.-Best.

79. **Die Militärpensionsgesetze** vom 31. Mai 1906 nebst Ausführungsbestimmungen. Zum Gebrauch für Heer, Marine und Schutztruppe von Dr. jur. **A. Romen,** Wirklicher Geheimer Kriegsrat.
a) I. Teil: Offizierpensionsgesetz. 1907. 3 M. 50 Pf.
b) II. Teil: Mannschaftsversorgungsgesetz. 1908. 3 M. 50 Pf.

80. **Reichsgesetzgebung über gerichtliche Registerführung.** Von **Otto Lindemann,** Landrichter. 1906. 3 M.

81. Gesetz, betr. **Urheberrecht an Werken der bildenden Künste und der Photographie** Von Dr. **Ludw. Fuld,** Rechtsanwalt. 1907. 1 M.

82. **Reichsbeamtengesetz** in der Fassung vom 18. Mai 1907 und seine Ergänzungen von Geheimrat Professor Dr. **Ad. Arndt.** 1908. 3 M.

83. Reichsgesetz über **den Versicherungsvertrag** nebst Einführungsgesetz. Von Dr. **Paul Hager** und Dr. **R. Behrend,** Regierungsräte im Kaiserl. Aufsichtsamt f. Privatversicherung. 1908. 5 M.

84. **Sammlung kleinerer privatrechtlicher Reichsgesetze** von Landrichter **Georg Müller.** 1908. 6 M. 50 Pf.

    Enthält eine Fülle von Gesetzen, die anderweit fast garnicht oder nur schwer zu beschaffen sind.

85. **Scheckgesetz** mit Einleitung usw. Von Prof. Dr. **Max Apt.** 5. Aufl. Mit Postscheckordnung v. 6. XI. 1908 und im Anhang „Besteuerung des Schecks". 1909. 2 M.

    Postscheckordnung vom 6. XI. 08. Apart mit Erläuterungen u. Ausführungsbestimmungen. (30 Pf.)

86. **Die Auslieferungsverträge des Deutschen Reiches** von Landrichter **A. Cohn.** 1908. 4 M.

87. **Gesetz zum Schutz der Warenbezeichnungen.** Von Geh. Reg.-Rat, Mitgl des Patentamts Dr. **Freund** u. walt **Magnus.** 5. Aufl. 1909. 3 M. 50 Pf.

88. **Vereinsgesetz** vom 19. April 1908. Von Dr. jur. **A. Romen,** Wirkl. Geh. Kriegsrat. 2. Aufl. 1908. 1 M. 50 Pf.

89. **Vogelschutzgesetz** vom 30. Mai 1908 nebst den das Flugwild betr Bestimmungen der Preußischen Jagdordnung von Dr. jur. **Leo von Boxberger.** 1908. 1 M.

90. Die Haager Abkommen über das **Internationale Privatrecht** von Dr. **G. A. E. Bogeng.** 1908. 2 M. 20 Pf.

91. **Eisenbahn-Verkehrsordnung** vom 23. Dez. 1908. Mit Ausführungsbestimmungen. Von Regierungsassessor bei der Eisenbahndirektion Breslau Dr **Ernst Blume.** 1909. 2 M. 50 Pf.

92. **Gesetz,** betr. den **Verkehr mit Kraftfahrzeugen.** Von Amtsrichter **Kirchner.** 1909. 2 M. 80 Pf.

93. **Gesetz** über die **Sicherung der Bauforderungen** vom 1. Juni 1909 v. Justizrat Dr. **E. Harnier.** 2. Aufl. 1909. 1 M. 30 Pf.

94. **Haftpflicht der Reichs- und Staats-Beamten** v. Dr. **H. Delius.** 2. Aufl. 1909. 3 M. 50 Pf.

95. Die Berner Uebereinkunft über **internationales Urheberrecht** von Dr. **Herm. Dungs,** Vortrag. Rat im Reichsjustizamt. 1910. M. Pf.

Guttentag'sche Sammlung

Preußischer Gesetze.

Text-Ausgaben mit Anmerkungen. Taschenformat.

1. **Die Verfassungs-Urkunde** für den Preußischen Staat. Mit Einleitung, vollständigem Kommentar. Von Prof. Dr. **Adolf Arndt.** 6. Aufl. 1907. 3 M.

2. **Preußische Beamten-Gesetzgebung.** Enthaltend die wichtigsten Beamtengesetze in Preußen. Von **C. Pfafferoth.** 4., neubearb. Aufl. 1905. Mit Anhang: Abänderung vom 27. Mai 1907. 2 M.

3. **Die Aufnahme des Nottestaments** durch die bestellten Urkundspersonen. Anweisung mit Musterbeispielen und Abriß des Erbrechts von Amtsgerichtsrat **C. Kurtz.** 1904. 1 M. 50 Pf.

4. **Gebührenordnung** für Notare vom 25. Juni 1895. Von **R. Sydow.** 3. Aufl. bearbeitet von Justizrat Dr. **Rausnitz.** 1908. 1 M. 60 Pf.

5. **Gesetz vom 24. April 1854 (betr. die außerehel. Schwängerung).** Von Dr. **Schulze.** 1873. 75 Pf.
   Gültiges Recht siehe: Reichsgesetze Nr. 58.

6. Die Preuß. **Ausführungsgesetze und Verordnungen zu den Reichs-Justizgesetzen.** Von **R. Sydow.** 3. vermehrte Aufl. 1895. 2 M. 40 Pf. S. Seite 25.
   Busch-Eylau, Ausführungsgesetze.

7. Allg. **Gerichtsordnung** und Preuß. **Konkursordnung.** Von **F. Vierhaus.** Vergriffen.

8. **Vormundschaftsordnung**. Von **F. Schultzenstein.** Gültiges Recht siehe: Reichsgesetze Nr. 47.

9. Die Preußische **Grundbuchgesetzgebung**. Von Prof. Dr. **Fischer.** Vergriffen. Siehe: Reichsgesetze Nr. 42.

10. **Einkommensteuergesetz**. Von **A. Fernow,** Geh. Ober-Finanzrat. 7. Aufl. 1908/9. Mit Nachtrag v. 22. III. u. 26. V. 09 3 M. 25 Pf.

11. **Gewerbesteuergesetz**. Von **A. Fernow,** Geh. Ober-Finanzrat. 5., vermehrte Aufl. 1910. 3 M.

12. **Allgemeines Berggesetz** für die Preußischen Staaten vom 24. Juni 1865. Von **W. Westhoff** und **W. Schlüter.** 2. Aufl. 1907. Mit Nachtrag v. 1909. 5 M.

13. **Ergänzungssteuergesetz** (Vermögenssteuergesetz). Von **A. Fernow,** Geh. Ober-Finanzrat. 4. vermehrte Aufl. 1907. 2 M. 40 Pf.

14. **Kommunalabgabengesetz**. Vom 14. Juli 1893 und Gesetz wegen Aufhebung direkter Staatssteuern. Von Dr. **F. Adickes,** Oberbürgermeister. 5. Aufl. 1910. ca. M. Pf.

15. Die **Kreisordnungen** für den Preußischen Staat. Von **O. Kolisch,** Landgerichtsrat. 1894. 4 M.

16. **Konzessionierung gewerblicher Anlagen**. Preuß. Ausführungs-Anweisung zu §§ 16 u. ff. der Gewerbe-Ordnung. Von Dr. **W. v. Rüdiger,** Geh. Regierungs- u. Gewerberat. 2. Aufl. 1901. 2 M.

17. **Preußisches Gerichtskostengesetz.** Mit Kostentabellen. Von Dr. **P. Siméon,** Landgerichtsrat. 5. Aufl. 1908. 2 M. 60 Pf.

18. **Preußisches Stempelsteuergesetz** vom 30. Juni 1909. Mit Ausführungsbestimmungen und Tabellen. Von **P. Loeck,** Geh. Regierungsrat. 6. Aufl. mit Anhang. 8⁰. 1907/09 6 M.

19. **Das Jagdscheingesetz.** Mit ausführlichen Erläuterungen. Von **F. Kunze,** Wirklichem Geh. Ober-Regierungsrat. 2. Aufl. 1899. 2 M.

20. **Die preußischen Erbschaftssteuergesetze.** Unter Berücksichtigung der Novelle vom 31. Juli 1895. Von **U. Hoffmann,** Geh. Registrator im Königl. preuß. Finanzministerium. 1905. 4 M.
(Reichs-Erbschaftssteuergesetz s. Reichsgesetze Nr. 77).

21. **Gesetz über die Handelskammern.** Von **F. Lusensky,** Geh. Regierungsrat 2. Aufl. 1909. 3 M.

22. **Gesetz, betr. Anstellung und Versorgung der Kommunalbeamten.** Von Dr. **W. Ledermann,** Magistratsassessor zu Berlin. 1899. 1 M. 25 Pf.

23. **Ausführungsgesetz zum Bürgerlichen Gesetzbuche.** Von Landrichter Dr. **P. Siméon.** 2 Aufl. 1905. 1 M. 80 Pf.

24. **Die Hinterlegungsordnung** in der Fassung des Ausführungsgesetzes z. BGB. v. 20. Sept. 1899 nebst Ausführungsbestimmungen. Von Regierungsrat Dr. **Georg Bartels.** 2. Aufl. 1908. 2 M.

25. **Preußische Kommunalbeamtengesetzgebung.** Von Magistr.-Assess. Dr. **Fr. Kremski**, Berlin. 1901. 3 M.

26. **Gesetze über das Diensteinkommen der Lehrer und Lehrerinnen, Ruhegehalt und Fürsorge für Hinterbliebene.** Tabelle zur Berechnung der Ruhegehalts-, Witwen- u. Waisenbezüge. Von Dr. **Ed. Cremer**, Beigeordneter. 1900. 2 M. 40 Pf.

27. **Gesetz**, betreffend die **Warenhaussteuer.** Von Geh. Ober-Finanzrat Dr. **G. Strutz.** 1900. 1 M. 20 Pf

28. **Gesetz über die Fürsorgeerziehung Minderjähriger.** Von Landgerichtsdirektor Dr. **P. F. Aschrott.** 2. umgearbeitete Aufl. 1907. 2 M. 80 Pf.

29. **Gesetz**, betr. **die ärztlichen Ehrengerichte, das Umlagerecht und die Kassen der Aerztekammern.** Von Amtsgerichtsrat Dr. **F. Fidler.** 1901. 1 M. 50 Pf.

30. **Die das Preußische Staatsschuldbuch und Reichsschuldbuch** betr. Gesetze nebst Ausführungsbestimmungen. Von Wirkl. Geh. Ober-Finanzrat **J. Mücke**, Mitglied der Staatsschuldenverwaltung. 1902. 2 M.

31a. **Die geltenden Preußischen Gesindeordnungen.** Herausgegeben in zwei Bänden von **Stephan Gerhard**, Rechtsanwalt in Berlin. 1902.

Band I: Gesindeordnung für die altpreußischen Provinzen vom 8. XI. 1810, mit Erläuterungen unter Berücksichtigung der Ergänzungsgesetze und der Rechtsverhältnisse der Gesindevermieter, sowie die Gesindeordnungen für Neuvorpommern und Rügen und für die Rheinprovinz. 2 M. 50 Pf.

31b. **Band II: Gesindeordnungen für Hannover, Schleswig-Holstein, Hessen-Nassau und den Regierungsbezirk Hohenzollern.** 2 M. 50 Pf.
Siehe auch Seite 24: Ratgeber von Grieben.

32. **Die Städteordnung für die sechs östlichen Provinzen Preußens vom 30. Mai 1853.** Von **Dr. jur. Walter Ledermann,** Magistrats-Assessor zu Berlin. 8°. 1902. 6 M.

33. **Rentenguts- und Anerbenrechts-Gesetzgebung in Preußen.** Von Landgerichtsrat **M. Peltasohn** und Rechtsanwalt **Bruno Peltasohn.** 1903. 3 M.

34. Sammlung der wichtigsten **preußischen Strafgesetze** nebst Anhang: Gesetz betr. polizeiliche Strafverfügungen vom 23. April 1883. Von **Otto Lindemann,** Amtsrichter. 1903. 2 M. 50 Pf.

35. **Geschäftsordnung für Gerichtsvollzieher.** Gerichtsvollzieherordnung und Gebührensätze von Amtsgerichtssekretär **Emil Exner.** 1904. 3 M. 50 Pf.

36. **Polizeiverordnungen in Preußen.** Von **Otto Lindemann,** Landrichter. 1904. 1 M. 50 Pf.

37. Gesetz über die **Enteignung von Grundeigentum** vom 11. Juni 1874. Von Landrichter **O. Meyer.** 1905. 2 M.

38. **Kreis- und Provinzial-Abgabengesetz.** Vom 23. April 1906. Von **Fr. Schmidt,** Gemeindevorsteher. 1906. 1 M. 25 Pf.

39. **Gesetz** betr. die **Unterhaltung der öff. Volksschulen.** Von **Dr. A. Marcks,** Reg.-Rat. 1906. 2 M.

40. **Verwaltungsstrafverfahren** bei Zuwiderhandlungen gegen die Zollgesetze und indirekte Reichs- und Landesabgaben, sowie die Bestimmungen über die Schlacht- und Wildpretsteuer vom 26. Juli 1897. Von **Dr. Richard Katzenstein,** Gerichtsassessor. 1907. 3 M. 60 Pf.

41. Die **preußischen Jagdpolizeigesetze.** Von **Fr. Kunze,** Wirkl. Geh. Oberregierungsrat und **R. Kühnemann,** Rechtsanwalt. 2. Aufl. 1907. 3 M. 60 Pf.

42. Die Gesetzgebung über die **Allgemeine Landesverwaltung** und über die **Zuständigkeit der Verwaltungs- und Verwaltungsgerichtsbehörden.** Von Rechtsanwalt **Dr. Karl Friedrichs.** 1908. 3 M.

43. Gesetz betr. die **Zulassung einer Verschuldungsgrenze** für land- und forstwirtschaftlich benutzte **Grundstücke** v. 20. August 1906 nebst Ausführungsvorschriften. Von Dr. jur. **R. Leweck,** Syndikus der Ostpreuß. Landschaft. 1908. 2 M. 40 Pf.

44. **Quellenschutzgesetz** vom 14. Mai 1908 nebst den Ausführungsbestimmungen von **Carl Voelkel,** Geheimer Bergrat. 1909. 1 M.

Guttentag'sche Sammlung von Text-Ausgaben mit Sachregister ohne Anmerkungen.

Taschenformat, elegant in Leinen gebunden.

Reichs-Justizgesetze: Gerichtsverfassungsgesetz. Zivilprozeßordnung. Konkursordnung. Strafprozeßordnung. 2. Aufl. In einem Bande 3 M. 80 Pf.

Zivilprozeßordnung mit **Gerichtsverfassungsgesetz** und **Einführungsgesetzen.** Neue Fassung von 1909. 2 M.

Konkursordnung mit **Einführungsgesetz.** 80 Pf.

Bürgerliches Gesetzbuch nebst **Einführungsgesetz.** 10. Abdruck. 2 M. 50 Pf.

Handelsgesetzbuch nebst **Einführungsgesetz** u. **Seerecht.** 8. Abdruck. 1910. 1 M. 80 Pf.

Ausführungsanweisung zur Gewerbeordnung vom 1. Mai 1904 nebst der preuß. technischen Anleitung. 2 M.

Militärstrafgerichtsordnung nebst **Einführungsgesetz** u. Ges., betr. Dienstvergehen der richterlichen Militärjustizbeamten u. unfreiwillige Versetzung derselben usw. **Militär-Strafgesetzbuch***) mit Abdruck der entsprechenden Bestimmungen des Reichs-Strafgesetzbuchs. 2. Aufl. 1 M. 50 Pf. *) Ist auch einzeln zu haben. Preis 1 Mk.

Wechselordnung in der Fassung der Bekanntmachung v. 3. Juni 1908. Mit Anhang: **Wechselprozeß und Ausführungsanweisung.** 1908. 1 M.

Die Preußischen Ausführungsgesetze zum Bürgerlichen Gesetzbuche und Nebengesetze. Text-Ausgabe ohne Anmerkungen. 5. Aufl. Taschenformat. Geb. in ganz Leinen Preis 1 M. 80 Pf.

Reichsfinanzgesetze v. 15. Juli 1909 einschließlich der **Reichsstempelgesetze** u. des **Erbschaftssteuergesetzes.** 1909. Geb. in ganz Leinen. 2 M.

Guttentag'sche Sammlung von Text-Ausgaben mit Sachregister ohne Anmerkungen.

Die Preußischen Ausführungsgesetze, Verordnungen und ministeriellen Verfügungen zu dem Bürgerlichen Gesetzbuche und den Reichs-Justizgesetzen nebst anderen zugehörigen Gesetzen. Von **L. Busch.** 2. Aufl. von Gerichtsassessor **O. Eylau.** 8°. Preis geb. 4 M. 50 Pf.

Preußische Bürgerliche Gesetzsammlung. Sammlung der noch geltenden Landesgesetze privatrechtlichen Inhalts. Herausgegeben von den Gerichtsassessoren **D. Fischer** und **Dr. F. Schroeder.** 8°. 2 Bände Preis geb. in ganz Leinen 20 M.

Erster Band: **Das Allgemeine Landrecht mit den Einführungs-Patenten.** Preis 6 M.

Zweiter Band: **Gesetze von 1773—1902.** Preis 14 M.

Preußisches Baupolizeirecht. Mit Kommentar der Baupolizeiverordnung für die Vororte von Berlin. Vom 28. Mai 1907. Von Gemeinde-Baurat **Carl Saß,** Königlichen Reg.-Baumeister a. D. Preis 6 M.

Fluchtliniengesetz. — Das Gesetz, betreffend die **Anlegung** und **Veränderung** von Straßen und Plätzen in Städten und ländlichen Ortschaften vom 2. Juli 1875. Des Kommentars von weil. Oberverwaltungsgerichtsrat R. Friedrichs. Sechste, völlig neubearbeitete Auflage. Von Senatspräsident Dr. jur. Hugo von Strauß und Torney. 1909. Im Druck.

Straßen- und Baufluchtliniengesetz. Kommentar für den praktischen Gebrauch mit zeichnerischen Darstellungen von Gemeindebaurat **Karl Saß,** Kgl. Regierungsbaumeister a. D. 8°. Preis kartoniert 3,— M.

Invalidenversicherungsgesetz vom 13. Juli 1899. Handausgabe mit Anmerkungen herausgegeben von Dr. Richard Freund, Vorsitzendem der Landes-Versicherungsanstalt Berlin. 3 Aufl. geb. 5 M.

Wie leitet man eine Versammlung? Geschäftlicher Handweiser für Vorsitzende. Von einem Mitgliede des deutschen Reichstages und des preußischen Abgeordnetenhauses. 2. Aufl. 1908. kart. 1 M.

Praktischer Ratgeber für Dienstherrschaften nach dem Preuß. Gesinderecht unter Berücksichtigung der neueren Entscheidungen bearbeitet von H. Grieben, Verwaltungsdir. a. D. u. Bürgermeister. 1908. 1 M.

Das Recht der Handlungsgehilfen und Handlungslehrlinge. Von Rechtsanwalt Hugo Horrwitz. 2. Aufl. 1905. (203 S.) Geb. in Leinen 3 M.

Die Registratur. 2. Auflage. 1906. Von Hermann Kollrack, Kgl. Polizeisekretär am Berliner Polizeipräsidium. 8°. (84 S.) Kart. 1 M. 40 Pf.

Die Pflichten des Waisenrates. Ein praktischer Leitfaden für Waisenräte und Verwaltungsbeamte. Von F. Baum, Geh. Justizrat und Vormundschaftsrichter. Achte vermehrte und verbesserte Auflage. 1906. 8°. (46 S.) 60 Pf.

Der Vormund, Gegenvormund, Pfleger u. Familienrat. Nach dem Bürgerlichen Gesetzbuch, dem Reichsgesetz über die Angelegenheiten der freiwilligen Gerichtsbarkeit und dem Ausführungsgesetz zum BGB. Ein praktischer Leitfaden. Von F. Baum, Geh. Justizrat und Vormundschaftsrichter. 1899. 8°. (64 S.) 50 Pf.

Schlagwort-Register.

R. = Nummer der Sammlung Deutscher **Reichsgesetze**.
P. = Nummer der Sammlung **Preußischer** Gesetze.
S. = Seite.

Abzahlungsgeschäfte R. 34.
Aerztekammern P. 29.
Aerztl. Ehrengerichte P. 29.
Aktienrecht R. 24, 26.
Altersversicherungsges R. 30.
Anerbenrechtsgesetz P. 33.
Anfechtungsgesetz R. 13.
Ansiedelungsgesetz s. S. 23 Baupolizeirecht.
Arbeiterschutzgesetz R. 6.
Arbeiterversicherungsgesetze R. 20, 23, 28, 30, 57.
Arzneimittel R. 6, 64.
Ausführungsanweisung zur Gew.O. S. 22.
Ausführungsgesetze z. BGB. P. 23, S. 22.
Ausführungsgesetze zu den Reichsjustizgesetzen P. 6, S. 23.
Auslieferungsverträge R. 86.
Auswanderungsgesetz R. 9, 44.
Automobilges. R. 18.

Bankgesetz R. 26.
Baufluchtengesetz S. 23.
Bauunfallversicherungsgesetz R. 28.
Baupolizeirecht S. 23.
Beamtengesetze R. 10, 82, 94, P. 2.
Bekämpfung gemeingefährlicher Krankheiten R. 56.
Belagerungszustand P. 34.
Berggesetz P. 12.
Beschlagnahme von Lohn- und Gehaltsforderungen R. 55.
Beurkundung des Personenstandes R. 59.
Binnenschiffahrtsgesetz R. 36.
Blei- u. zinkhaltige Gegenst. R. 9.
Börsengesetz R. 41.
Börsensteuergesetz R. 18.
Brausteuererhebung R. 25.
Bundes- und Staatsangehörigkeit R. 8.
Bürgerliche Gesetzsammlung für Preußen S. 24.
Bürgerliches Gesetzbuch R. 38/39, S. 22, 23.
Bürgerliches Rechts-Lexikon S. 31.

Chausseegeld P. 34.
Civilprozeßordnung R. 11, S. 22.

Dampfkesselbetrieb R. 6, P. 34.
Deichgesetz S. 23 (Baupolizeirecht).
Depotgesetz R. 40.
Diensteinkommen der Lehrer und Lehrerinnen P. 26.
Dienstboten siehe Gesinde.
Ratgeber für Dienstherrschaften S. 24.
Drogenhandel R. 48, 64.

Eheschließungsgesetz R. 59.
Einkommensteuergesetz P. 10.
Eisenbahngesetzgebung R. 66, 35.
Eisenbahnverkehrsordnung R. 91.
Elektrizitäts-Diebstahl R. 2.
Enteignung von Grundeigentum P. 37.
Entmündigungsgesetz R. 45.
Entschädigung freigesprochener Personen R. 12.
Entschädigung unschuldig Verhafteter u. Verurteilter R. 73.
Entziehung elektr. Arbeit R. 2.
Erbschaftssteuergesetz R. 77, P. 20.
Ergänzungssteuergesetz P. 13.
Erwerbs- und Wirtschaftsgenossenschaften R. 29,

Fahrkartensteuer R. 18.
Farbengesetz R. 9, 48.
Farbenhandel R. 48.
Feingehalt der Gold- und Silberwaren R. 9.
Feld- u. Forstpolizeiges. P. 34.
Feuerversicherung P. 34.
Fischereigesetz P. 34.
Fleischbeschauges. R. 9, 54, 68.
Flößereigesetz R. 36.
Forstdiebstahl P. 34.
Frachturkundensteuer. R. 18,
Freiwillige Gerichtsbarkeit R. 46.
Freizügigkeit R. 8.
Fürsorgeerziehung Minderjähriger R. 47, P. 28.

Gast- u. Schankwirtschaftsgehilfen R. 6.
Gebrauchsgegenstände, Verkehr mit R. 9, 54.
Gebrauchsmusterschutzgesetz R. 9, 84.
Gebührengesetz, preußisches, für Rechtsanwälte und Gerichtsvollzieher R. 17.
Gebührenordnung für Gerichtsvollzieher R. 15.
Gebührenordnung für Notare P. 4.
Gebührenordnung für Rechtsanwälte R. 17.
Gebührenordnung für Zeugen und Sachverständige R. 15.
Gehaltsforderungen, Beschlagnahme von R. 55.

Genehmigung gewerblicher Anlagen P. 16.
Genossenschaftsgesetz R. 29.
Genußmittel, Verkehr mit R. 9, 54.
Gerichtsbarkeit, freiwillige R. 46.
Gerichtskostengesetz, deutsches R. 15.
Gerichtskostengesetz, preußisches P. 17.
Gerichtsordnung, Preußische P. 7.
Gerichtsverfassungsgesetz R. 14, 11, 12, S. 22.
Gerichtsvollzieher-Gebührenordnung R. 15.
Geschäftsordnung für Gerichtsvollzieher P. 35.
Gesellschaften mit beschränkter Haftung R. 32.
Gesetzbuch, Bürgerliches R. 38/39, S. 22, 23.
Gesetzestafel des deutschen Reichsrechts R. 63.
Gesetz-Sammlg., preuß. S. 23.
Gesindedienstpflichten P. 34.
Gesindeordnungen, preußische P. 31 a, 31 b, S. 24.
Gesundheitswesen R. 27.
Gewerbebetrieb im Umherziehen R. 6, P. 34.
Gewerbegerichte R. 31.
Gewerbeordnung R. 6, S. 22.
Gewerbesteuergesetz, preußisches P. 11.
Gewerbe-Unfallversicherungsgesetz R. 23.
Gifthandel R. 48, 64.
Gold- u. Silberwaren-Feingehalt R. 9.
Grundbuchordnung R. 42.
Grundbuchgesetzgebung, Preußische P. 9.
Grundeigentum, Enteignung von P. 37.

Haftpflichtgesetz R. 70.
Handelsgesetzbuch R. 4, S. 22,
Handelskammergesetz P. 21.
Handfeuerwaffen R. 9.
Handlungsgehilfen S. 24.
Handwerkergesetz R. 6.
Hilfskassen, eingeschr. R. 20.
Hinterlegungsordnung P. 24.
Hypothekenbankgesetz R. 51.

Jagdpolizeigesetz P. 34, 41.
Jagdscheingesetz P. 19, 34.
Inhaberpapiere mit Prämien R. 9.
Internat. Privatrecht R. 90.
Invalidenversicherung R. 30. S. 24.

Kaufleute, Pflichten bei Aufbewahrung von Wertpapieren R. 40.
Kaufmannsgerichte R. 74.
Kiautschou-Gebiet, militär. Strafrechtspflege im R. 3.

Kinder, Recht d. unehel. R. 58.
—, Unterbringung verwahrloster R. 47.
Kinderarbeit, gewerbl. R. 2, 71.
Kinderschutzgesetz R. 71.
Kolonialgesetzgebung R. 49.
Kommunalabgabenges. P. 14.
Kommunalbeamtenges. P. 22
Kommunalbeamtenrecht P. 25.
Konkursordnung R. 13, S. 22.
Konkursordnung, Preuß. P. 7.
Konsulargerichtsbarkeit R. 75.
Konsulargesetzgebung R. 21, 75.
Konzessionierung gewerbl. Anlagen P. 16.
Kraftfahrzeuge R. 18.
Krankenversicherungsgesetz R. 20.
Kreisabgabengesetz P. 38.
Kreisordnungen P. 15.

Ladenschluß R. 6.
Landesgesetze, privatrechtliche. (Bürg. Gesetzsamml.) S. 23.
Landestrauer P. 34.
Landesverwaltungges. P. 42.
Landrecht, preußisches S. 23.
Lehrergehalts- u. -Pensionsgesetze P. 26.
Literaturschutz R. 60.
Lohnforderungen, Beschlagnahme von R. 55.
Lotteriespiel P. 34.

Mannschaftsversorgungsges. R. 79 b.
Mantelgesetz R. 23.
Margarinegesetz R. 9, 54.
Markenschutzgesetz R. 87.
Medizinalgesetzgebung R. 27.
Militärpensionsgesetze R. 79.
Militärische Geheimnisse, Verrat R. 9, 84.
Militärstrafgerichtsordnung R. 3, S. 22.
Militärstrafgesetzbuch R. 67, S. 22.
Minderjährige, Fürsorgeerziehung für R. 47, P. 28.
Mineraliengewinnung und Aneignung P. 34.
Mobiliar-Feuerversich. P. 34.
Modellschutzgesetzgeb. R. 9.
Münzwesen R. 26.
Musterschutzgesetz R. 9.

Nahrungsmittelgesetze R. 9, 54, 65.
Naturalleistung für die bewaffnete Macht R. 69.
Notare, Gebührenordnung für preußische P. 4.
Notenbankwesen R. 26.
Nottestament P. 3.

Patentgesetz R. 22, 9.
Personenstandsges. R. 59, 9, 2.
Photographieschutz R. 81, 9.

Polizeiverordnungen i. Preußen P. 36.
Postgesetze R. 7.
Postscheckordnung R. 85.
Preßgesetz R. 9, 53.
Preußische Verfassung P. 1.
Privatrechtliche preußische Landesgesetze S. 23.
Privatrechtliche Reichsgesetze R. 84, 90.
Provinzialabgabenges. P. 38.

Quellenschutzgesetz P. 44.

Rayongesetz R. 84.
Reblausgesetz R. 84, P. 34
Rechte der Besitzer v. Schuldverschreibungen R. 52.
Rechtsanwalts-Gebührenordnung R. 17.
Rechtsanwaltsordn. R. 16.
Rechtshilfe R. 76.
Rechtslexikon S. 23.
Rechtsmittel S. 29, 30.
Registerführung, gerichtliche R. 80.
Registratur S. 24.
Reichsbeamtengesetz R. 10, 82.
Reichseisenbahngesetzgebung R. 35, 66.
Reichserbschaftssteuer R. 77.
Reichsfinanzgesetze S. 23.
Reichsgewerbeordnung R. 6, S. 22.
Reichsgrundbuchordn. R. 42,
Reichs-Justizgesetze S. 22, R. 11, 12, 13.
— —, Ausführungsgesetz dazu S. 22.
Reichskassenscheine R. 9.
Reichsmilitärgesetz R. 9a.
Reichspreßgesetz R. 53.
Reichsschuldbuch P. 30.
Reichsseuchengesetz R. 9, 55.
Reichsstempelgesetz R. 18.
Reichsverfassung R. 1.
Rentengutsgesetze P. 33.
Rinderpest R. 9.

Saccharingesetz R. 9, 54.
Schadensersatz an unschuldig Verhaftete u. Verurteilte R. 73.
Scheckgesetz R. 85.
Schlachthäuser P. 34.
Schlachtviehgesetz R. 9, 54, 68.
Schonzeit des Wildes P. 34.
Schuldverschreibungsgesetz R. 52.
Schulunterhaltungsgesetz P. 39.
Schutztruppe, Strafverfahren R. 3, Pension R. 79.
Schwängerung, außereheliche R. 58, P. 5.
Seegesetzgebung R. 19.
See-Unfallversicherungsgesetz R. 57.
Seuchengesetz R. 56.
Sklavenhandel R. 9.

Sozialpolitische Gesetze R. 20, 23, 28, 30, 57, 72.
Sprengstoffgesetz R. 2, 9.
Staatsangehörigkeit, Erwerb und Verlust R. 8.
Staatsschuldbuch P. 30.
Staatssteuern, Gesetz betr. Aufhebung direkter P. 14.
Städteordnung für die 6 östlichen Provinzen P. 32.
Stempelsteuergesetz f. Preußen P. 18.
Stempelsteuergesetz für das Reich R. 18.
Steuergesetze R. 5, 18, 25, P. 10, 11, 13, 14, 18, 20, 27.
Strafgesetzbuch R. 2.
Strafgesetze preuß. P. 34.
Strafprozeßordnung R. 12, S. 24.
Strafrechtliche RG. R. 9.
Straßen- und Baufluchtengesetz S. 24.
Süßstoffe, künstliche R. 9, 54, 64.

Tantièmensteuer R. 18.
Telegraphengesetze R. 7.
Testamentsrecht P. 3.

Uneheliche Kinder R. 58.
Unfallversicherungsgesetze R. 23, 28, 57, 72.
Unlauterer Wettbewerb R. 37.
Unterbringung verwahrloster Kinder R. 47, 28.
Unterhaltung d. Volksschulen P. 39.
Unterstützungswohnsitz R. 8.
Urheberrechtsgesetze R. 9, 60, 22, 81, 95.

Vereinsgesetz R. 88.
Vereins- u. Versammlungsrecht R. 33, P. 34.
Verfälschung v. Nahrungsmitteln R. 54, Wein R. 65.
Verfassung, Reich R. 1
Verfassung, preußische P. 1.
Verkehrsabgaben P. 34.
Verlagsrecht R. 61.
Vermögenssteuergesetz P. 13.
Verrat militärischer Geheimnisse R. 2, 9.
Versammlung, wie leitet man eine S. 24.
Verschuldungsgrenze P. 43.
Versicherungsvertrag R. 83.
Versicherungsunternehmungen, private R. 62.
Versorgung der Kommunalbeamten P. 22.
Verwaltungsstrafverfahren P. 40.
Verwendung gesundheitsschädlicher Farben, Nahrungsmittel, Wein R. 54, 65.
Viehkauf (Viehgewährschaft) und Viehhandel R. 50.
Viehseuchengesetz R. 84.

Vogelschutzgesetz R. 89.
Vormundschaftsordnung, preußische P. 8.
Vormundschaftsrecht, Deutsches R. 47, S. 25.

Waisenrat S. 35.
Wald- und Wassergenossenschaft P. 34.
Wandergewerbebetrieb P. 34
Warenzeichenrecht R. 9, 87.
Warenhaussteuergesetz P. 27.
Wechselordnung R. 5, S. 22.
Wechselstempelsteuerges. R. 5.
Weingesetz R. 9, 54, 64, 65.
Wertpapiere, Depotgesetz R. 40.
Wettbewerb, Bekämpfung unlauteren R. 37.
Wild-Schonzeit P. 34.
Wuchergesetz R. 2.

Zigarettensteuergesetz R. 78.
Zuständigkeitsgesetz P. 42.
Zwangserziehung R. 47.
Zwangsversteigerung an Immobilien R. 43.
Zwangsvollstreckungsgesetz R. 43.

---

1. 20 000. I. 10.